RELIGIÃO
TAMBÉM SE APRENDE

Pe. HÉLIO LIBARDI, C.Ss.R.

RELIGIÃO TAMBÉM SE APRENDE 3

EDITORA SANTUÁRIO
Aparecida-SP

Direção Editorial: Pe. Flávio Cavalca de Castro, C.Ss.R.
Pe. Carlos Eduardo Catalfo, C.Ss.R.
Coordenação Editorial: Elizabeth dos Santos Reis
Copidesque: Luciana Novaes Russi
Coordenação de Revisão: Maria Isabel de Araújo
Revisão: Ana Lúcia de Castro Leite
Diagramação: Marcelo Antonio Sanna
Capa: Marco A. Santos Reis
Ilustrações: Renílson Adriano da Silva

Dados Internacionais de Catalogação na Publicação (CIP)
(Câmara Brasileira do Livro, SP, Brasil)

Libardi, Hélio
Religião também se aprende / Hélio Libardi. — Aparecida, SP: Editora Santuário, 2000. — (Coleção Religião também se aprende; 3)

ISBN 85-7200-678-8

1. Crença e dúvida 2. Doutrina cristã. 3. Religião. 4. Usos e costumes. I. Título. II. Série.

00-1645 CDD-230

Índices para catálogo sistemático:
1. Doutrina cristã: Religião 230

Composição, impressão e acabamento:
EDITORA SANTUÁRIO - Rua Padre Claro Monteiro, 342
Fone: (12) 3104-2000 — 12570-000 — Aparecida-SP.

Ano: 2011 2010 2009 2008
Edição: **10 9 8 7 6 5**

Apresentando...

Durante muitos anos de trabalhos missionários fui ajuntando as perguntas que o povo mais faz. Percebendo as dúvidas todas, resolvi responder uma por uma numa linguagem simples e fácil.

Precisei ter coragem para dizer o que muitos padres pensam e não querem ou não podem dizer. Sei que não sou conservador, mas também não sou liberal; sou bem católico.

Meu objetivo é ajudar o leitor a abrir um pouco a mente e encaminhar a reflexão de uma forma mais aberta. Não quero criar polêmica, cada ponto de vista é a vista de um ponto.

Se ajudo alguém, já me sinto feliz.

Pe. Hélio Libardi, C.Ss.R.

Fé

1. Fé: um pulo no escuro ou um sentimento?

Há muita confusão entre fé e sentimento piedoso. Isso leva as pessoas a pensar que não têm fé porque não sentem nada. Em Nossa Senhora vemos pelo diálogo com o anjo que, antes de dar sua palavra, ela quis esclarecimentos, por isso fez perguntas. Assim vemos que a fé pode ser esclarecida e pode tornar-se lúcida.

A fé é aceitação de Jesus e aceitar Jesus significa aceitar o plano de Deus com seus valores. São Paulo fala que no céu a fé e a esperança desaparecem indicando que nunca vamos entender as verdades da fé, porque o dia em que entendermos não precisaremos mais da fé, temos a certeza constatada. A aceitação é básica. Aceita-se a verdade porque alguém que é inteiramente confiável falou. Nós acreditamos em tantas coisas que não vemos e quando chega nas coisas de Deus colocamos dificuldades. Mas as verdades da fé não cabem em nossa cabeça.

A fé, sob alguns aspectos, é um salto no escuro; acreditamos, aceitamos porque Jesus revelou. Não depende de nós querermos ou nos emocionarmos com ela. E na verdade Deus nos experimenta muitas vezes fazendo com que se torne difícil acreditar. Passamos mesmo por diversas crises de fé em nossa vida, momentos em que não vemos saída.

A fé aumenta e a fé diminui até acabar. Pelos exercícios da oração, pela leitura da Palavra, pela vivência sacramental podemos manter sempre acesa a chama da fé. Quem não reza, não participa de nada da comunidade dificilmente manterá a fé.

São Tiago nos lembra que a fé sem obras é morta; na verdade identificamos a fé de uma pessoa pelo que ela faz. Por isso percebemos que a fé quase não existe em diversas pessoas, seus atos não revelam que elas têm fé. São Paulo mostrou a coragem de apóstolo e nomeia os perigos por que passou, porque sua fé era ardente e viva. Ele dizia: “Eu sei em quem eu acredito...”.

Jesus também falou que, se tivéssemos fé do tamanho de uma semente de mostarda, diríamos a uma montanha que se jogasse no mar e isso aconteceria. Temos de lamentar que depois de tantos anos de prática religiosa nossa fé esteja ainda em estágio tão insignificante. Qualquer problema ou dificuldade nos vence e o nosso testemunho de fé é tão fraco que não chega a impressionar ninguém.

Jesus falara advertindo-nos: “Que vejam vossas boas obras e glorifiquem o Pai que está nos céus...”. Mas estamos distantes de uma fé viva e atuante, de uma fé pela qual tenhamos coragem de dar a vida, como o fizeram tantos mártires.

Resta-nos caminhar na fé com confiança nas palavras de Jesus: “Eis que eu estarei convosco todos os dias até o fim dos tempos”.

2. Uma fé alegre, agradecida, não-violenta

Diante dos problemas da modernidade uma nova postura é exigida de nós todos. A fé tradicional que ensina as verdades não é mais suficiente. Essa defesa estática da fé não constrói. Enquanto a sociedade discute problemas de ecologia, desarmamento nuclear, nova concepção econômica, o fenômeno da globalização, a bioética, os meios de comunicação social, a Igreja tem de se fazer presente levando um Evangelho da paz.

Para uma estrutura, um relacionamento e processos sociais doentes, o ponto de chegada será uma sociedade mais sadia, relacionamento saudável, processos sociais orientados para uma cura gradual. Essa sociedade se constrói na solidariedade despertada por uma fé alegre e feliz, por um novo senso de fraternidade, que busca seus valores no Evangelho como a via ainda não experimentada da construção da nova sociedade.

A fé alegre nos leva a olharmos o mundo com os olhos de Deus, que viu que tudo estava bem-feito, e nos faz acreditar na possibilidade de uma nova paz. Felizes em ter encontrado Jesus, os discípulos de Emaús voltam para levar aos outros a mensagem: *Nós vimos o Senhor*. Para o mundo envolvido nas tramas de uma sociedade doentia, faz falta alguém que mostre o Messias.

A fé agradecida faz ver com bons olhos todos os progressos e ganhos da modernidade como dom de Deus aos seus filhos. Agradecidos repartimos os frutos do desenvolvimento na lembrança de que o mundo é para todos e os direitos à vida são sagrados e acima de qualquer interesse.

A fé não-violenta é um novo caminho que nos traz segurança e confiança de que a paz é possível a partir do sentir da alteridade e da percepção da nascente de todos os problemas, que são a desigualdade social, a ganância, o individualismo.

É preciso curar o homem moderno da ganância do poder a custo do sofrimento dos outros. Curar da violência do império da força que impõe soluções não-pacíficas. Promover um sistema de educação que respeite os ganhos de uma justiça distributiva. Construir uma ética social e econômica, cuja chave de leitura seja a paz.

Só uma fé alegre, agradecida e não-violenta pode ajudar-nos a enfrentar as situações que o próprio ser humano vai criar no novo milênio. Uma fé significativa que oriente. Uma fé alegre que mostre que as mensagens do Reino não são tão estranhas e impossíveis como pensam. *Shalom*.

Pecado

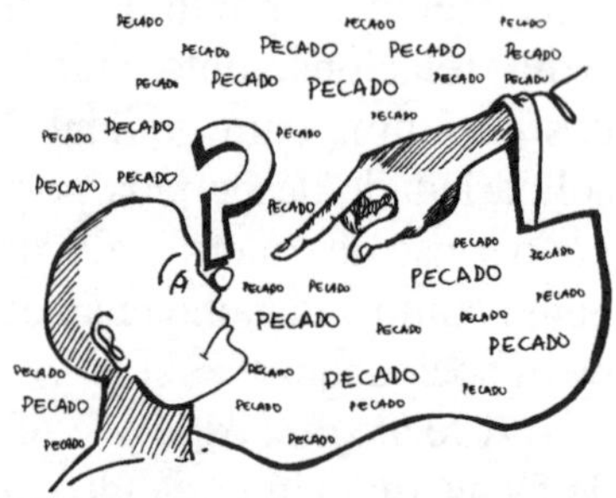

1. Tudo é pecado — verdade ou rigorismo exagerado?

Há uma teologia espalhada no meio do povo que vai de boca em boca ensinando que a "gente faz pecado a toda hora". Quem sabe tenha nascido da verificação de que somos todos pecadores. Mas ser pecador revela apenas a tendência da natureza humana, que vive e convive com uma atmosfera de pecado, fazendo o pecado e suas conseqüências serem sentidos a todo o momento.

Ser pecador não significa necessariamente que fazemos pecado a toda hora. E nem haveria possibilidade disso. Ninguém é tão mau que não consiga algo de bom, nem que seja apenas um sorriso. Nessa hora esse sorriso mostrou que o Reino de Deus está no meio de nós.

Poderia também essa idéia ter nascido de uma teologia que, ao falar de justificação — o modo como Deus perdoa —, ensina que Jesus nos cobre com seus merecimentos, mas no fundo ainda continuamos pecadores. Não é esse, porém, o ensinamento da Igreja. Quando Deus perdoa, ele extingue o pecado, o pecado já não existe. O que pode permanecer é a lembrança, o trauma que esse pecado produziu na pessoa, o que não significa que este ainda exista.

Para mudar essa idéia temos de começar a dizer para as pessoas que "nem tudo é pecado". O pecado supõe a maldade, um desejo de se afastar de Deus, de desconhecer os valores que Deus ensinou por palavras ou gravou em nossos corações e na natureza. Ele supõe um desrespeito à vida existente em nós, na natureza e nos outros. Supõe egoísmo, o orgulho de não aceitar os outros, a não valorização das pessoas.

Há quem nos pergunte: "Será que pequei?", e em vez de pecar, está até fazendo o certo. Quantas vezes pensamos que nossas "briguinhas" caseiras, bate-bocas caseiros, o que na verdade não passa de uma falta de educação, são pecados. Não nos educaram para o diálogo, para ouvir, para a conversa mansa, para o respeito e percepção de que o outro também é gente. Não nos educaram para viver em comunidade. O certo é que vamos ter de aprender tudo isso com calma e tempo; um trabalho de educação contínua para vivermos em comunidade.

O fato de nem tudo ser pecado não quer dizer que tudo se pode fazer. São Paulo lembra muito bem quando diz: "Tudo eu posso, mas nem tudo me convém".

A melhor atitude que podemos tomar quando percebemos que não agimos bem, não fomos felizes no modo de nos expressar, é dizer: "Na próxima vez eu acerto e ainda chego lá".

2. Até quando um erro é pecado?

É muito importante fazer a distinção entre pecado grave e erro grave, pecado leve e erro leve. Essa distinção nos ajuda; embora devamos afastar todos os erros, sempre nos empenhamos mais nos erros maiores.

Por essa distinção se vê claramente que há erros que podem não ser pecados. No antigo Catecismo nós aprendemos que para haver pecado grave seriam necessárias três condições: matéria grave, pleno conhecimento e pleno consentimento. Essas condições continuam válidas.

Matéria grave quer dizer que precisa ser uma ação que traga em si uma maldade, um prejuízo ou mesmo a destruição parcial ou total ou ainda moral. A maldade não está no objeto, mas está na cabeça das pessoas.

Pleno conhecimento é um critério indispensável, pois sem ter conhecimento claro do que se faz não há moralidade (Bernhard Häring). Quem não sabe o que faz erra, mas não peca. Isso não se liga ao saber ou não se era ou não era pecado, pois o conhecimento se liga à razão de verdade que a realidade possui. Interessa o conteúdo.

Pleno consentimento é quando a pessoa conhecendo o conteúdo, a verdade, a razão de bem, a preponderância desses valores sobre outros valores, não os quer. Prefere deixar o valor certo e escolher o errado.

Além disso o critério mais forte é o critério dos motivos. Esse critério supõe que a pessoa tenha condição de perceber o sentido das coisas em si. E sabemos que o homem não só é capaz de perceber o sentido, mas também é capaz de dar um sentido às coisas. Por isso Jesus disse que a Lei só não basta. É importante saber os motivos por que a pessoa agiu de determinada forma. Os motivos e intenções valem muito para a pessoa perceber se fez ou não fez um pecado.

Aqui vale o bom senso. No fundo para haver pecado mortal precisa significar uma opção fundamental. O Pe. B. Häring diz que para um que está fervorosamente buscando a Deus como seu último fim, não se pode presumir que tenha cometido um pecado mortal enquanto nele persistir a disposição profunda de fazer o bem. Os atos individuais podem ser graves e sérios, porém provavelmente não são mortais quando se trata de uma pessoa que esteja lutando para vencer um hábito e, imediatamente depois do pecado, arrepende-se seriamente.

Pode, por isso, acontecer que muitos erros que temos feito nem sejam pecados, embora, na medida em que percebemos tais erros, devamos procurar afastá-los, corrigi-los.

3. O pecado ofende a Deus — uma idéia boa ou prejudicial?

É lembrando uma música do tempo de criança que percebo como uma catequese pode ser prejudicial. A música dizia: "Vamos todos ao Sacrário, que Jesus chorando está. Mas ao ver tantas crianças, bem contente ficará".

Na cabeça de criança o Sacrário virava uma prisão, onde Jesus permanecia chorando até que nós chegássemos. E o que dizer dessa teologia que ensina que o pecado ofende a Deus?

Deus é feliz em si mesmo, ninguém o toca, ninguém o entristece. São João nos diz no Evangelho que ninguém viu Deus a não ser aquele a quem Deus quis se revelar, que é seu Filho Jesus. E vai ser por Cristo, com Cristo e em Cristo que chegaremos ao Pai.

Quando se fala de pecado precisa-se repassar a teologia exata: o pecado nos destrói, destrói o plano de Deus para nós e para o mundo, cria uma atmosfera de pecado cujas conseqüências todos sofrem. Todo o pecado sai da pessoa e se projeta nas estruturas da sociedade resultando o grande pecado social.

O pecado traz em seu interior o conteúdo de destruição. Quem sofre somos nós ao sentirmos a dificuldade de viver nesse clima de desigualdade, de violência, de destruição, de desrespeito. É a pessoa humana usando as capacidades que Deus lhe deu para fazer o mal. Ela se apossa do mundo e decide segundo sua própria vontade criando assim tantos sofrimentos, tanta exclusão, direcionando a vida para outro lado. A pessoa acaba destruindo-se e destruindo os outros e o mundo em que vive.

Nenhum século fez tanta arma de destruição como o nosso, chamado de "século das luzes" por causa das grandes descobertas, infelizmente usadas para o mal. Hoje o próprio homem, com seu egoísmo e individualismo, está criando a pior qualidade de vida. Olhem um pouco a corrida na economia que cria a grande área de exclusão, o grande volume de países pobres e excluídos, onde a renda está concentrada nas mãos de alguns somente. O que podemos falar da escalada da violência?

Não será esse antigo modo de falar do pecado que está gerando hoje a revolta contra Deus pelos insucessos, falhas, acidentes e situações verdadeiramente desesperadoras?

Ao verificar a realidade produzida por nós, temos de mudar nosso modo de perceber o pecado: é uma ofensa a todos nós, é uma desgraça para todos. Olhem o farisaísmo de muita gente achando um escândalo a falta de alguns centímetros nas saias das meninas, enquanto a realidade aí fora é tão cruel com tantos filhos de Deus. Olhem bem a condenação de Jesus feita aos fariseus caindo em sua mesa de cada dia, onde há fartura e abundância daquilo que não lhes faz falta, mas que falta aos outros porque não está bem repartido. É fácil ler uma lista de pecado, mas é difícil admitir que o pecado esteja tão dentro de nós.

4. Pecados esquecidos — que fazer com eles?

A vergonha ou a falta de jeito de acusar certos pecados na confissão é realidade constante que mexe com a consciência de muita gente. Não se fala seja pelo medo do confessor, seja pelo constrangimento em revelar certas mazelas pessoais. E todos temos um porão onde não deixamos ninguém entrar. E quando resolvemos olhar, arrumamos dor de cabeça.

Vamos distinguir entre aquilo que foi esquecido e aquilo que não contamos na nossa infância ou mais tarde.

O que foi esquecido por si já está perdoado, porque não houve maldade e nem falta de arrependimento. Apenas se for grave (mas é difícil esquecer coisa grave), há necessidade de comentar em sua confissão. Do contrário tudo está em paz, porque quem se arrepende verdadeiramente arrepende-se de tudo. Ninguém se arrepende de uma coisa e não de outra. A confissão é conversão geral.

Aquilo que não contamos na infância, por si, não há necessidade de preocupar, porque raramente tinha-se consciência de estar pecando. Percebemos contudo que há pessoas que sentem necessidade de colocar isso numa confissão, caso contrário não sossegam. Que o façam com tranqüilidade, esclarecendo bem do que se trata.

Aquilo porém que não contamos por medo ou constrangimento, se for coisa grave, certamente teremos de procurar o confessor e abrir o jogo. Segurar algo pesa muito e só vai fazer mal. Temos o direito de procurar o confessor que nos acolha, escute e oriente. Não somos obrigados a nos confessar com qualquer padre. Se sobrar certa dúvida quanto à orientação, podemos procurar outro sacerdote e assim temos dados para nos orientarmos e formarmos nossa consciência.

Uma coisa que precisamos aprender: quanto mais simples formos e com simplicidade colocarmos nossas questões, qualquer sacerdote vai entender. O que pode irritar é quando a pessoa não se preparou para a confissão, fica enrolando ou nos dá a perceber que não tem arrependimento nenhum. Como são difíceis aquelas confissões mal preparadas, principalmente se as filas dos confessionários estão longas. Por que não procurar um sacerdote em outra hora, pois poderá ser atendido com mais tranqüilidade e mais serenidade? O próprio padre terá mais tempo para analisar e orientar essa pessoa.

Outra realidade é que o sacerdote sempre se dispõe a perdoar tanto quanto a pessoa precisa; e ele tem o poder. Isso não dispensa ninguém da acusação dos pecados graves, mas nos tranqüiliza quando percebemos depois que algum pecado ficou no esquecimento.

Mais uma vez sentimos necessidade de trabalhar uma boa formação de consciência. Não é mais possível ficarmos com as tais listas de pecado. É preciso tempo de preparação. Nem se comentam aquelas pessoas que ficam na fila na maior conversa e, quando chega a sua vez, vai-se confessar sem saber o que falar. Falta consciência do que se fez, falta arrependimento e falta o bom propósito para uma vida mais santa.

Perdão

1. Perdão ou mágoa — onde está o pecado?

A mensagem básica do Evangelho, que reflete bem a prática de Jesus, consiste na revelação de um Deus que é Pai de todos. Essa realidade nos leva a descobrir que o fundamental em nossas vidas é o amor a todos indistintamente. Nada me dá o direito de não amar; ao contrário, se eu quiser ser feliz, necessariamente tenho de amar com um amor que constrói a vida, fundamenta a partilha e a não-violência.

O perdão é um gesto de amor e de partilha, um gesto de fé. A possibilidade de errar está cravada em nossa natureza, mas existe o perdão que reconstrói a vida em quem errou. Jesus vai dizer-nos que é preciso "perdoar setenta vezes sete", significando uma infinidade de perdão. São João comenta que amar a quem nos ama é fácil e até os que não têm fé o fazem. Difícil é amar a quem não nos ama, a quem nos ofende, a quem nos exclui e nos mata.

De qualquer forma ninguém pode ser feliz negando o perdão, negando-se a abrir o coração e derramar sobre o outro o amor de um modo idêntico ao agir de Deus que "derramou seu amor sobre nós". Todos têm direito ao perdão.

Aqui se faz necessário distinguir perdão e mágoa. Mágoa é um sentimento que nos marca às vezes para o resto da vida. Perdão é um ato inteligente que leva em consideração outros valores e realidades. Os sentimentos não dependem de nós, eles se fazem presentes por mais que não os queiramos e exercem uma influência grande em nosso agir. Assim sendo não somos culpados pelos sentimentos que aparecem em nós. Quanto esforço fazemos para que um sentimento não estrague nossa vida e não nos traga dificuldades e tristezas, mas ele aí está independente do nosso querer.

O que se pode fazer? Cada um tem de fazer um trabalho psicológico para colocar tudo em seu devido lugar, considerando os valores, a realidade; um trabalho de convencimento de que aquilo tudo já é passado e não pode gozar de tanta atenção como estamos dando. É necessário aprender a administrar essas marcas, apagando-as de nossa memória ou assumindo-as em seu tamanho certo. Não se pode carregar uma mágoa pela vida afora. É preciso fazer uma terapia consigo mesmo, um trabalho que às vezes pode ser longo, mas que permita um dia a volta da tranqüilidade.

Cada um precisa entender que quanto mais se conscientiza, melhor se vive e mais liberdade se alcança. A abertura que o Evangelho pede é esta: quem precisa do meu perdão vai receber na medida em que precisar. O que restou dentro de mim vai passar por uma terapia até que tudo chegue ao seu devido lugar. E se amanhã acontecer de novo, vou perdoar, vou compreender e não vou me machucar mais; assim posso dizer que me sinto livre em Jesus.

2. Perdão e amizade — será sempre possível?

Ao lado de tantas pessoas que não se preocupam em amar os outros e nada fazem para viver a fraternidade até entre irmãos de sangue, há tantas outras preocupadas por não conseguirem manter a amizade mesmo com gente da própria família.

É uma situação que nasce de certos desencontros, brigas, fofocas, heranças, e tantos outros. Esses desencontros levam pessoas a se manterem distantes umas das outras.

O perdão sempre tem de ser dado em qualquer situação, e o fato de ter perdoado pode levar a um reatamento da amizade. Mas às vezes a inimizade continua. E nem sempre o perdão exige que se volte à amizade.

Precisa-se fazer um discernimento. Afinal vivemos num mundo muito custoso onde nem sempre as pessoas se comportam como equilibradas; outras são mal-informadas, quando não são mesmo educadas. Mal-educados para viverem em fraternidade, incapazes de um raciocínio ou doentes. Elas não são capazes de receber as pessoas. Nesses casos precisa ter prudência e não procurá-las criando mais problemas ainda.

Também não somos obrigados a sentir simpatia por todos; há pessoas que, por seu gênio, atitudes, modo de se colocar diante dos outros, são antipáticas. Erro quando me deixo levar por simpatia ou antipatias e evito ajudar as pessoas. Acima de tudo está a caridade.

Voltamos a dizer que é preciso perdoar. Contudo, se já tentamos uma aproximação que resultou em mais problemas e intrigas, seguramente podemos ficar em nosso lugar, quietos em nosso canto sem nos preocuparmos em ter amizade com essas pessoas.

Faça sempre o que é possível para ser amigo, ser fraterno. E se isso for impossível, você já fez a sua parte. Continue sua vida tranqüilo e feliz. Se algum dia aparecer um sinal de que a situação se modificou, então tente mais uma vez uma aproximação.

Reze por essas pessoas, porque nem sempre são maldosas; elas são malformadas e não foram educadas para uma vida em comunidade e nem mesmo para viverem em sociedade.

Nada disso vai impedir minha participação na missa, porque minha consciência me diz quando sou sincero para com esses irmãos e como gostaria que tudo fosse tão diferente.

É lamentável que em um mundo feito por Deus para ser um céu já aqui as pessoas consigam agredir-se, amesquinhar-se, a ponto de não se considerarem filhos de um mesmo Pai que é Deus, criando a violência, as divisões e as exclusões de irmãos.

Morte

1. O dia em que devo morrer

Na verdade estamos sempre sem palavras para consolar alguém na ocasião da morte de um ente querido. Arrumamos uma frase que não tem nada de verdadeira: "Deus quis assim"; "É vontade de Deus".

A Bíblia está cheia de passagens ensinando que o nosso Deus é o Deus dos vivos, não é o Deus dos mortos. Deus nos criou para a vida com ele para sempre; essa vida deveria durar toda a eternidade. É dom, é presente de Deus e ele não é um esquisito que dá hoje e retira amanhã. Essa vida é comunicação de Deus.

E como explicar o mistério da morte? São Paulo fala que a morte é o preço que pagamos pelo pecado. Essa teologia do resgate está muito presa à história e à mentalidade dos romanos. É melhor achar outra explicação.

Nós não morremos quando Deus quer. O fato de Deus saber que eu vou morrer não significa que Deus marcou o dia da minha morte. É muito terrível pensar em um Deus que quer caminhar com a gente, mas que vive passando em nosso meio recolhendo um aqui, outro acolá.

Como a morte é do corpo humano, não é da pessoa, podemos entender que morremos na hora em que nosso corpo, nossa natureza, não consegue mais segurar a força da vida que como um sopro Deus colocou em nós. A natureza tem seu limite e permanece viva dentro de algumas condições. Retiradas essas condições, necessariamente o corpo morre. Assim entendemos que um corpo sem oxigênio, estraçalhado num acidente ou sem defesa orgânica venha mesmo a morrer.

É certo que Deus sabia dessa hora, mas ele respeita as leis da natureza que ele mesmo criou. E por que Deus deveria interferir a todo instante suspendendo ou modificando uma lei da natureza? Deus não brinca com o mundo.

Como a vida continua, temos de nos agarrar nas palavras da Bíblia e compreender que assim como Deus ressuscitou Jesus ressuscitará a cada um de nós. São Paulo nos diz que não podemos viver como os pagãos que não acreditam na outra vida e não têm esperança. Desta forma a morte perde a marca de tragédia e passa a ser vista como uma passagem muito mais dolorosa para quem fica do que para quem vai.

Não é fácil adquirir essa maturidade e serenidade diante desses acontecimentos, mas o analisar a vida constantemente leva a pessoa a uma aceitação mais tranqüila. Para quem vive da fé também é muito mais tranqüilo enfrentar esse momento. Importa saber que Deus nos quer na vida em plenitude e na comunhão com ele. Importa saber que Deus não nos desampara e haverá de nos dar uma boa hora.

2. Uma morte digna — seria possível?

Muitas pessoas sentem a consciência oprimida, porque acham que não fizeram o que podiam ter feito pelos pais e esposos falecidos. Há pessoas que passam meses e anos se arrastando na doença e com isso se gastam as magras economias da casa, complicando a vida de quem fica.

Cada pessoa tem direito a uma vida digna e por conseqüência tem direito também à uma morte digna. Entendemos por morte digna o direito a uma morte humana. Como último acontecimento importante da vida, ninguém pode privar o homem dele.

Ao compreendermos que se devam aliviar os sofrimentos e usar os recursos da medicina, compreendemos também que não há obrigação de buscar todos os recursos médicos extraordinários, quando estes visam apenas retardar artificialmente a morte e escapam da nossa capacidade. Além de que se deve respeitar a decisão do doente de se sujeitar ou não a determinados tratamentos. Cessadas as esperanças, temos de ser lúcidos e claros ajudando o doente a enfrentar a fase final.

Não somos a favor da eutanásia e nem podemos admitir uma "obstinação terapêutica", porque não respeitam a vida. Diante da certeza moral adquirida pelos médicos de que remédios e curas não trazem possibilidade de melhora e só servem para prolongar inutilmente a agonia, a obstinação terapêutica em continuar o tratamento é uma crueldade terapêutica. E nem queremos falar de outra crueldade de quem aproveita uma situação terminal para experiências de tratamentos e de instrumentos novos. Aqui o critério máximo é o respeito pela dignidade humana.

Alguns critérios claros que devemos ter em mente:

1) O direito a uma morte humana não significa que se busquem todos os meios à disposição da medicina, se o resultado é apenas o de retardar artificialmente a morte.

2) Ninguém está obrigado a recorrer a tratamentos extraordinários para prolongar a agonia do moribundo.

3) O médico está obrigado a fornecer os cuidados ordinários para prolongar a vida e evitar a morte do paciente. Mas ninguém está obrigado a recorrer a recursos extraordinários que fazem parte de tratamentos especializados.

4) Não se está obrigado a usar meios terapêuticos desproporcionais à dignidade da pessoa e à qualidade desejável.

5) Devemos perceber que deixar morrer não é a mesma coisa que fazer morrer.

Assim sendo, não há por que se preocupar após a morte de um ente querido, quando fizemos tudo o que podíamos e o que estava ao nosso alcance. Devemos ter lembrança de que a vida continua para nós que ficamos e o cuidado com nossos doentes não nos pode tirar as condições necessárias para podermos viver e nem nos deixar na miséria. Como o doente tem direito à vida, nós também o temos. Mais que esse desespero, deve-nos restar a consciência de termos sido caridosos e humanos com nossos doentes. A melhor saída é aprendermos a ver neles o próprio Jesus: "Estive doente e me visitastes".

3. Ortotanásia: um respeito à pessoa e a um morrer digno?

Por esse nome entendemos a realização e o respeito a dois valores éticos do morrer: respeito à vida humana e direito de morrer dignamente. A morte é o último acontecimento importante da vida humana, não podemos privar o ser humano de assumir esse momento de uma maneira digna e respeitosa.

Isso significa que devamos usar os recursos ordinários na medicina sem, contudo, nos esquecermos de que é importante dar atenção aos aspectos humanos de uma assistência, criando um clima de confiança, de calor humano ao redor do doente. Ele não pode experimentar a angústia da solidão nessa hora.

Faz parte dessa assistência a presença religiosa, a fé constitui uma ajuda muito grande para se poder vencer o medo da morte e as várias tensões que se criam dentro de cada um.

Nenhum remédio pode tirar a possibilidade de o doente assumir a própria morte. Além disso deve-se respeitar o direito do doente de escolher se enfrenta essa hora com dor ou sem dor. Morrer é a última ação do ser humano. Como pode-se tirar dele o direito de decisão?

A sociedade hoje procura esconder a morte e suas conseqüências. Tudo é feito para minimizar esse acontecimento. Nós entramos nessa onda e tentamos também disfarçar as situações críticas para que o doente não perceba. O importante é não iludir o doente, é ser desumano dar esperança a quem já não a tem. Todos devíamo-nos preparar para ajudar a pessoa a aceitar com serenidade a morte como um passo para a vida nova com Deus. Aceitar não porque Deus quer, mas porque a natureza já dá sinais visíveis de que não consegue reter a vida.

Como se trata de um momento difícil, vejo aqui a importância dos ministros dos enfermos, das visitas aos doentes levando a eles a confiança, a esperança e a conformidade. Como nos sentimos mal diante do que fazem alguns familiares que se atiram no desespero e se desmancham em crises estéricas piorando ainda mais a situação já custosa. Culpam a Deus, aos médicos, à medicina. Aquilo que devia ser uma aposta pela vida, uma vez que a existência terrena não é definitiva, acaba em cenas de desespero absurdo.

Hoje é difícil morrer, porque tudo nos impede de chegar a uma reflexão sadia, séria e condizente com essa hora. A sociedade oculta a morte, mas ela existe ao nosso redor. Jesus se comove diante da morte e dá sua vida para que outros possam viver plenamente. Ele aceita sua morte, apesar da angústia e do medo. No alto da cruz nos dá a última lição: "Pai, em vossas mãos entrego meu espírito".

Hoje podemos serenamente dizer: Jesus nos ensina a viver e nos ensina a morrer. Oxalá rezássemos todos os dias: "Senhor, dai a cada um sua própria morte".

4. Chorar os mortos: uma necessidade de comunhão com eles?

Em cada pessoa que morre, nós morremos um pouco. É como se algo fosse destruído em nós. E quando se trata de parente a aceitação se torna penosa e difícil diante da sensação de perda, de separação para sempre.

A necessidade de estar perto, de manter contato, de não se separar, levou sempre as pessoas a cultuarem seus mortos sob as mais diversas formas, até mesmo formas provocadas pelo receio de que os espíritos dos mortos fossem capazes de fazer o mal. À medida que a humanidade vai se inculturando e aculturando, modifica-se esse culto, mas permanece sempre o mistério da dor, a necessidade de comunhão com eles, o respeito pelos que nos precederam.

Nenhuma literatura vai modificar esses sentimentos. Na fé buscamos algo que nos console, que nos dê outra visão dessa realidade. E a fé nos ensina que assim como Deus ressuscitou Jesus ressuscitará também nosso ser querido para a vida com ele. A nós não nos cabe julgar se alguém mereceu ou não. Assim à medida que essa fé nos ajuda, começa em nós a esperança da vida futura.

Essa mesma fé nos ensina que a memória dos mortos deve ser respeitada; ensina-nos o respeito aos corpos dos vivos e dos mortos que são e foram templos da Santíssima Trindade. Esse respeito nos leva a rezar por eles, colocá-los em nossas missas, visitar o lugar onde os enterramos, guardar certas lembranças evocativas.

O que nos impressiona é o descontrole em que caem as pessoas em relação aos mortos. O despreparo para enfrentar com mais tranqüilidade essa hora, as crises de desespero como se tudo isso fizesse a história retroceder um minuto, as revoltas contra Deus, que passa a ser o único culpado dessa tragédia.

O que falar dos exageros em construir mausoléus, construções caras, enterros suntuosos, serviços funerários sofisticados. Precisaríamos andar nem tanto ao mar nem tanto à terra. Uma boa dose de bom senso faria muito bem.

Mas no fundo, para quem não tem fé, isso deve ser a continuação da ostentação em que viveu o morto e vivem os familiares, continuação da vaidade. Para outros é um modo de tranqüilizar a própria consciência dizendo: "Fizemos um enterro que ele merecia". Para outros pode ser sinal de respeito à pessoa humana.

Deveríamos colocar os pés no chão e refletir para evitar exageros que para quem morre pouco significam. Valem muito mais as orações, a esmola, a caridade, do que os maços de flores que secam sob um sol ardente em cima dos túmulos. Infelizmente estamos transformando esse momento difícil em uma verdadeira indústria rendosa.

Ganhar o céu

1. Ganhar o céu: uma proposta ou um engano?

É um refrão do velho Catecismo: "Ser bom para ganhar o céu". E quanta gente se firmou nessa frase para garantir "seu lugar" na grande assembléia dos santos.

Na carta aos Gálatas São Paulo combate o tipo de religião mercantilizante, através da qual se pretende comprar a salvação. Pelas boas ações as pessoas julgam ter direitos adquiridos diante de Deus. A prática de Jesus mostra o contrário: anuncia o amor gratuito de Deus que nos amou primeiro. A esse amor as pessoas se abrem com a fé. E disso se faz uma teologia correta: "O céu é Deus quem dá e ninguém merece ou ganha".

O tema central da carta aos Gálatas mostra que o homem não se justifica pelas obras da Lei, mas pela fé em Jesus: "Nós abraçamos a fé em Cristo Jesus para sermos justificados pela fé em Cristo e não pelas obras da Lei, porque ninguém será justificado pelas obras da Lei" (Gl 2,16).

A religião verdadeira se expressa pela fé no amor de Deus; as boas obras não garantem a salvação, como era o pensamento dos judeus cristãos da época de Paulo. Elas expressam a fé no Deus que nos amou primeiro e são respostas a esse amor. Elas mostram a fé. Paulo diz que já fomos salvos, inocentados e perdoados mediante a oferta de Cristo, que nos amou e se entregou por nós (v. 20). A fé nele é que nos garante a salvação e não nos permite obrigar a Deus a nos salvar.

Parece claro que para ser cristão precisamos estar em clima da gratuidade pelo perdão e pela salvação oferecidos por Deus. O resto é falsa piedade e simonia (querer comprar as coisas de Deus); é excluir-se da salvação que Deus oferece gratuitamente ao tentar ganhá-la por seus próprios merecimentos.

Resta então a pergunta: "Por que ser bom se não for para ganhar o céu?". Entre tantas respostas possíveis, dizemos que cada um precisa ser bom para ser feliz. Deus nos criou para sermos felizes. (Que pena chegar aos 80 anos e ter de admitir que não foi feliz.) Na bondade fazemos acontecer o Reino de Deus, que já está no meio de nós.

A parte que nos toca é a procura da realização pessoal dentro do espírito evangélico que prega a solidariedade, o respeito mútuo, o amor fraterno vivenciado na comunhão e na partilha.

É curioso observar que na Bíblia Jesus fala claramente: "A vida eterna sou eu quem dou". Veja bem a expressão de Jesus: "A vocês que tudo deixaram e me seguiram, eu darei o cêntuplo e mais a vida eterna".

Vida eterna

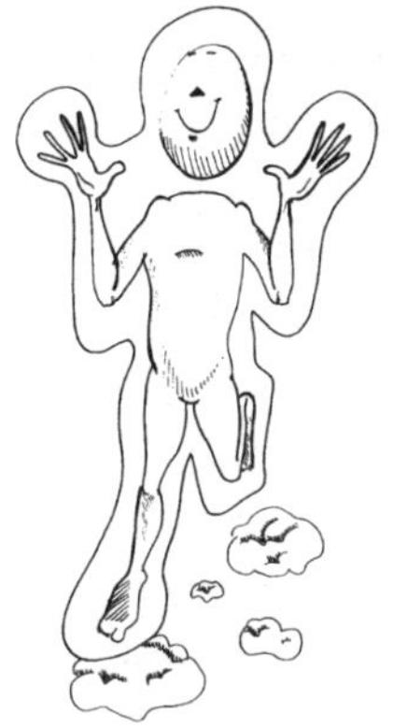

1. Quando começa a vida eterna?

A crença na vida eterna está muito ligada aos mortos, por isso é fácil imaginar que a vida eterna comece logo após a morte. Após a morte começa uma nova etapa da vida que comumente chamamos de vida eterna.

Mas lemos no Evangelho de João: "A vida eterna é esta: que eles te conheçam a ti, o Deus Único e Verdadeiro, e aquele que enviaste, Jesus Cristo" (Jo 17,3). Aqui tem início uma nova concepção de vida eterna. Há uma identidade na linguagem bíblica entre conhecer e possuir, porque aquele que conhece possui dentro de si aquilo que conheceu. Conhecer o Pai e aquele que o Pai enviou é possuir a ambos. Podemos então pensar que vida eterna é comunhão com Deus que é Pai, Filho e Espírito Santo.

Essa presença de Deus em nós começa no batismo; é a vida nova significada pela água; é o primeiro dom que recebemos. O esforço daí em diante é de assumir o batismo, isto é, viver essa vida de comunhão e presença de Deus em nós. Na medida em que somos fiéis, intensificamos essa vida até a plenitude.

Na verdade já temos essa vida em plenitude, mas não conseguimos percebê-la na sua totalidade e nem nosso corpo agüentaria tamanha felicidade. Esse é o dom de Deus de que fala Jesus à samaritana quando diz: "Ah! se conhecesses o dom de Deus e aquele que te pede de beber...".

Esse é o presente maior que recebemos, por isso Paulo comenta em Romanos 8,15: "Recebemos um espírito de filhos adotivos pelo qual clamamos *Abba!* Pai". E se somos filhos, somos também herdeiros. E se Deus é Pai de todos, nós somos irmãos.

Essa vida eterna deve ser cultivada através da oração, da freqüência aos Sacramentos, da participação na comunidade, das obras da caridade. Não nos admira que alguém perca essa graça quando não faz nada para aumentá-la. Deus é uma oferta gratuita para quem quiser. Não era isso que Jesus dizia? "Se alguém quiser ser meu discípulo..."

Veja o aviso que Jesus fez à igreja de Laodicéia: "Estou à porta e bato; se alguém ouvir minha voz e abrir a porta, entrarei em sua casa e cearei com ele e ele comigo" (Ap 3,20).

As realidades da fé não são palpáveis e nós gostamos de comprovar, experimentar tudo. Assim acabamos perdendo o sentido das coisas de Deus. Bem que Jesus advertiu no Evangelho: "Marta, Marta, você está preocupada com tantas coisas, uma coisa só é necessária... o Reino de Deus; e o resto lhe será dado por acréscimo".

Ressurreição no último dia

1. Ressurreição no último dia: um gênero apocalíptico ou realidade?

É fundamental para nós crer na Ressurreição de Jesus e em nossa ressurreição. Paulo nos alerta dizendo: "Assim como Deus ressuscitou Jesus, Deus ressuscitará a cada um de nós". Jesus é a certeza e ao mesmo tempo a garantia de nossa ressurreição.

O problema está na ressurreição "no último dia". Por aproximação de diversos textos bíblicos falou-se muito em uma "ressurreição no final do mundo". Nós todos e os que já morreram deveríamos aguardar até o fim dos tempos, quando Deus reuniria a todos para o grande julgamento.

Os judeus, em parte, não acreditavam na ressurreição. As primeiras comunidades ficaram confusas e achavam que o mundo ia acabar logo e que alguns nem veriam a morte. Paulo diz: "Os que morreram e nós que estamos vivos..."

Repugna a idéia de viver só a alma sem corpo. É próprio da pessoa humana ter corpo e alma. Não existo sem corpo. Por isso podemos crer sem medo que, logo após nossa morte, Deus nos ressuscitará. Não compreendemos a pessoa sem corpo. O corpo não é parte dispensável. Na Ressurreição de Jesus, na Assunção de Nossa Senhora, vemos como Deus valoriza a pessoa.

De que jeito será esse corpo, não é um problema que nos diz respeito. Deus o fará da melhor forma possível. Como podemos pensar numa realidade da qual não temos idéias e nem parâmetros? O importante é crer que Deus nos ressuscitará da mesma forma como ressuscitou Jesus. O nosso último dia será o dia da nossa morte, porque a partir desse dia não teremos nem mais dia, nem hora, nem mês, nem anos e nem tempo.

A perspectiva de ser recriado por Deus à sua imagem e semelhança é uma novidade que seduz e nos leva a nos amarmos profundamente e aguardarmos cheios de esperança esse momento. A lembrança da descrição do paraíso bíblico, onde Deus passeava com Adão e Eva, é uma imagem da vida em comunhão com Deus depois do último dia. O que fica no cemitério é pó, lembrando nossa fragilidade e que somos parte do grande universo criado por Deus.

Essa crença na ressurreição logo após a morte não diminui nosso respeito para com os mortos, apenas nos leva a pensar de um modo mais correto e evitar tanto desperdício na arrumação de túmulos etc. Se logo após a morte começa uma vida nova e feliz, podemos enfrentar com mais tranqüilidade a falta de nosso ser querido.

Creio em Deus Pai

1. "Creio em Deus Pai..." — uma oração forte?

É muito comum uma pessoa nos pedir, na hora do aperto, uma oração forte. Encontramos gente que acredita firmemente nos amuletos e sinais cabalísticos, outros trazem um santoral completo no pescoço. É uma fé que não cresceu, não amadureceu. Dessa forma, por diz-que-diz, o "Creio em Deus Pai" acabou ficando com o nome de oração forte.

A oração mais forte e poderosa que temos é a Eucaristia, a missa, onde Jesus reza conosco e se apresenta ao Pai levando consigo toda a humanidade. E toda a oração que não estiver ligada à Eucaristia é carente de valor, porque é em Cristo, com Cristo e por Cristo que chegamos ao Pai, não há outro mediador.

O "Creio em Deus Pai" é uma recitação das verdades que fundamentam nossa fé. Quando recitamos o "Creio em Deus Pai" estamos falando que acreditamos em Deus, que é Pai, em Jesus, nosso Salvador, no Espírito Santo, que nos santifica, na Igreja, a continuação de Jesus. Ainda falamos que acreditamos na ressurreição, na vida eterna e que os santos rezam por nós. Essa fórmula nasceu para afirmar a doutrina da Igreja contra as heresias que estavam aparecendo.

Veja nos Atos dos Apóstolos o resumo de doutrina que São Pedro fez na sua primeira pregação: "Esse Jesus que vocês crucificaram ressuscitou dos mortos e está no meio de nós...". De vez em quando no folheto da missa aparece um

"Creio em Deus Pai" mais longo; é fruto dos Concílios de Nicéia e Constantinopla.

Essa idéia de oração forte deve ter vindo dos antigos exorcismos, onde se recitava várias vezes o "Creio em Deus Pai" afirmando a doutrina da Igreja numa briga com o demônio. Nem sei se havia tantos, mas para todos os fenômenos paranormais se faziam os exorcismos.

O medo faz milagres. Na insegurança a gente acredita em tudo e sai à procura de se defender do mal. Alcança-se a tranqüilidade que devia ser conseguida de outro modo, como a comunhão, a oração, o pensamento positivo, as práticas de piedade.

Nessa lista estão as famosas orações das treze almas benditas, que ninguém sabe quem são, de onde vieram; as orações de Santo Expedito; as orações de São Judas e outras mais. E por que não dizer: os velhos patuás, e penduricalhos aos quais são atribuídos poderes miraculosos.

Mas por tudo isso não adianta discutir, porque há pessoas que colocam isso na cabeça e ninguém tira; outros precisam de confusão para viver. Mais que essas coisas, vale a fé que nos conduz por caminhos de simplicidade, sem coisas esquisitas. E que simples foi Jesus quando disse para os samaritanos: "Chegará o tempo em que não adorareis a Deus nesse monte, mas em espírito e verdade...".

Nossa Senhora

1. Nossa Senhora é uma só?

Há gente que faz coleção de imagens de Nossa Senhora em sua casa, além de tamanhos diversos, também com títulos diferentes. E são tantos títulos e representações de Nossa Senhora que, às vezes, nem sabemos identificá-la. O que se passa na cabeça dessa gente com todas essas "Nossa Senhora"?

Nossa Senhora é uma só: a Maria de Nazaré de que fala a Bíblia, que nos trouxe Jesus, acompanhou-o na vida até a hora da morte e esteve junto da primeira comunidade em Jerusalém. Mas como teve uma missão importante, e aos pés da cruz recebeu outra missão também importante, ela ocupa um lugar de destaque na vida da Igreja e na história da salvação.

Desde o início a Igreja reconheceu Nossa Senhora. E de acordo com sua missão e intercessão, ela foi recebendo diversos títulos significando sua presença na vida da Igreja desde o tempo das primeiras comunidades. Outros títulos nasceram de devoções particulares e locais, que foram depois levadas para outros lugares. Outras representações são simbólicas e trazem uma mensagem, como Nossa Senhora Aparecida. Todos sabemos que Nossa Senhora era judia, mas nada impede que a veneremos em uma imagem japonesa.

Os cristãos, reconhecendo as virtudes e o patrocínio de Nossa Senhora, passaram a dar-lhe todos os títulos significativos que encontraram na Bíblia ou na piedade cristã. E até hoje repetimos esses títulos em forma de ladainha.

Às vezes é interessante como pessoas mandam rezar para uma Nossa Senhora como caminho mais garantido para se alcançar uma graça. Porém Nossa Senhora é uma só, tanto faz esta como aquela. Nesse caso entram as devoções pessoais, a simpatia por um título ou outro.

A Igreja aconselha a devoção a Nossa Senhora e a coloca como mãe e modelo de todas as virtudes. Santo Afonso dizia: "Verdadeiro devoto de Nossa Senhora jamais se perde, jamais se condena", mostrando como Maria cumpre a missão de olhar por nós, seus filhos.

Não entendemos Jesus sem Maria e não entendemos Igreja sem Nossa Senhora. Hoje ela faz parte de nossa vida e temos a certeza de que ela continua a nos levar para Jesus e a nos trazer Jesus. Felizes somos nós que temos uma mãe carinhosa e zelosa com seus filhos. Ela é também um caminho seguro para seguirmos a Jesus.

Que ela interceda sempre a Jesus por nós. "Rogai por nós, pecadores, agora e na hora de nossa morte. Amém."

Santidade

1. É difícil ser santo?

Assustamos alguém quando lhe dizemos: "Você é santo". Percebemos o embaraço, porque se julga difícil demais ser santo ou se julga muito extraordinário, por isso os milagres se esparramam pelo chão.

A Igreja tomou para si um costume que era do povo, o costume de canonizar alguém, isto é, declará-lo santo. Para isso exige-se um exame acurado de sua vida, de sua moral e de sua doutrina. Também exigem-se os milagres que comprovem sua santidade. Isso porque esse alguém vai ser colocado para o público como modelo e não pode ter erro de fé e moral.

Há também santos que são e foram extraordinários. Eles receberam uma missão especial, como Paulo, Afonso Ligório, Inácio, Francisco de Assis. Mas também há muitos santos, hoje desconhecidos, que viveram uma vida digna.

A santidade é uma vocação de todos nós. "Deus nos fez para sermos santos e imaculados aos seus olhos", nos diz a Bíblia. A santidade consiste não nos milagres, mas na vida de comunhão com Deus, alcançada no seguimento de Jesus. Quem vive os valores do Evangelho está com Deus e quem está com Deus é santo.

O santo vivo é uma pessoa como nós, até com defeito. Ele porém se esforçou e se esforça para viver em união com Deus e na caridade com os irmãos. É interessante como o povo vai identificando aquelas pessoas que são santas. Não acredito que precisamos de santos canonizados, precisamos ter o sentido de Deus para percebermos as pessoas santas que vivem no meio de nós.

Essas pessoas nos trazem as bênçãos de Deus e enfeitam a Igreja com suas virtudes mostrando a todos que são felizes nos caminhos de Jesus. Não há necessidade de milagres e de coisas extraordinárias; basta a fidelidade a Jesus no dia-a-dia. Pode ser que mais tarde ninguém fale delas, o importante é que durante suas vidas santificaram a Igreja e agora possuem a plenitude da vida junto de Deus.

Ao carregar as cruzes de cada dia, ao cuidar caridosamente dos irmãos, ao ser solidárias com os que padecem necessidade, essas pessoas nos mostram que é possível seguir o caminho que Jesus ensinou nos Evangelhos. Mostram que é possível amar mesmo vivendo num mundo de extrema violência.

Falar que é fácil ser santo é se esquecer do que disse Jesus: "Quem quiser ser meu discípulo, tome sua cruz e me siga". Por outro lado, não precisamos pensar que seja impossível, pois tanta gente consegue fazer esse caminho e são pessoas humanas como nós. Não nos esqueçamos de que a graça é Deus que dá; a nós resta apenas sermos fiéis.

Para nós é interessante valorizar a vida com Deus e essa comunhão que temos com Deus quando estamos sem pecado e nos esforçamos para sermos bondosos, misericordiosos como o Pai é bondoso. Valorizar a presença de Deus em nós e não perder essa graça. Assim podemos dizer em qualquer circunstância: Se eu acordar amanhã, Deus estará comigo; se eu não acordar, estarei com Deus.

Destino

1. Destino: uma estória ou uma realidade?

O consolo que muitas pessoas nos trazem em certas horas não passa de incapacidade de analisar situações e de encontrar a explicação exata no momento. É fácil ser fatalista e dizer: "É o destino"; "Estava marcado"; "Tinha de passar por isso".

Entendem o destino como uma necessidade cega, uma força contra a qual não adianta lutar. Já os antigos gregos figuravam o destino em uma estátua com coroa, cetro, uma urna de segredos, uma roda com correntes e a terra sob os pés; uma forma de mostrar a fatalidade.

E quantas pessoas hoje se alimentam do destino e o acatam como a única explicação viável para tantos acidentes e acontecimentos da vida. Por isso mesmo vivem em adivinhos, em leitores de cartas, tarôs, búzios, horóscopos, acreditando que uma pessoa tenha força para evitar a má sorte. Outros vivem assustados com despachos, trabalhos das religiões afro-brasileiras, como se entre Deus e nós houvesse um ser misterioso.

É possível até falar em destino entendendo certas conseqüências naturais da vida e de atitudes tomadas no passado que certamente vão produzir resultados no futuro. Assim encaramos a hereditariedade, pela qual o filho tem de herdar do pai e da mãe traços da personalidade, da feição, doenças hereditárias e outros problemas. Podemos chamar de destino o resultado de abusos e de atitudes que tomamos no passado e que deixaram seqüelas para o futuro. Se quisermos, até podemos dizer ser destino aquilo que é uma herança ou conseqüência normal e lógica. Mesmo assim não se trata de uma fatalidade, pois há tratamentos e possíveis curas.

O que não existe é essa força estranha, esse ser misterioso que determina a vida e o que deve acontecer. Tem uma cultura muito primitiva quem admite esse tipo de crença e intervenção em sua vida. Temos de aprender a procurar explicações para o que acontece. Temos de descobrir o sentido da vida e que nem tudo o que tem feição de mal é tão mal como parece. Na distância dos fatos, mais tarde, vamos ver que aquilo que julgamos uma tragédia foi um bem muito grande.

Deus é que está conosco. Não precisamos viver assustados, intimidados pelas coisas que acontecem e para as quais ainda não temos explicações. Amanhã poderemos perceber ao termos uma visão mais ampla e menos emocional.

Para nós cristãos não há por que se intimidar com despachos, trabalhos, horóscopos, correntes de oração, fetiches. Deus age pela sua Providência e só a confiança em Deus é suficiente para nos encorajar e não nos deixar entregues a esse esquema que se monta para justificar momentos infelizes e aparentemente inexplicáveis.

É um atraso de vida crer em destino e se tornar dependente de pessoas que dizem ter o poder de fazer o mal ou definir a vida. Precisamos ler mais, abrir a cabeça para ganhar poder de análise e para não se prender a esses mecanismos de uma dominação vergonhosamente primitiva.

Bíblia

1. Pode-se ler bíblia dos crentes?

Como Palavra de Deus a bíblia católica e a bíblia dos crentes são iguais. Podemos ler ambas e temos de respeitá-las. Não são duas bíblias. A diferença está no número de livros que uma delas contém. A bíblia com maior número de livros é a católica.

A grande diferença está nas traduções que são feitas. Há traduções que são mais divulgadas e há outras que são feitas com rigor científico. Às vezes as bíblias mais ilustradas e bonitas são as que apresentam as piores traduções. É questão de se informar antes de adquirir uma.

Essa diferença de livros a mais aconteceu a partir dos livros do Antigo Testamento. Os judeus da Palestina concluíram a lista dos livros sagrados sem reconhecer alguns que não seguiam os critérios estabelecidos nas resoluções de Jâmnia. Esses critérios diziam que seriam livros sagrados os:

1. Escritos em hebraico e não em aramaico e grego.
2. Escritos antes e durante o período de Esdras (458-428 a.C.).
3. Escritos que não contradiziam a lei de Moisés (a Torá).
4. Escritos dentro da terra de Israel.

Como havia naquela época emigração para outros países ou perseguições aos judeus e deportação, havia grandes comunidades fora de Israel. Assim na costa da África, em

Alexandria, o grupo de judeus chegou a 1 milhão de pessoas e muitos já não entendiam o hebraico. Foi preciso então traduzir a Bíblia para o grego para que os descendentes dos judeus pudessem compreender.

Por volta do ano 250 a.C. fizeram uma versão e não seguiram os critérios vistos acima, incluindo outros livros nessa tradução dos "Setenta Intérpretes". Aceitaram os livros de Tobias, Ester, Judite, Sabedoria, Baruc, Eclesiástico ou Sirácida, 1 e 2 Macabeus.

Como os protestantes adotam a bíblia usada na Palestina, em hebraico, eles possuem em sua bíblia menos livros que nós, que adotamos a usada em Alexandria. Mas com os estudos de hoje, a tendência é dar atenção a todos esses livros, assim como se dá atenção aos chamados apócrifos e que nem foram aceitos como inspirados por Deus.

É difícil ler a Bíblia, porque foi escrita em linguagem diferente da nossa e gastaram-se muitos anos para completar a composição de cada livro. Uma mentalidade diferente da nossa dificulta o entendimento. Mas é a história de Deus caminhando em nossa história. Mesmo sendo difícil, podemos tirar muitos frutos da sua leitura e reflexão. Hoje há muitos cursos e estudos que podem ajudar-nos na compreensão da Bíblia. Temos de aproveitar quando eles acontecem em nossas comunidades.

Imagens

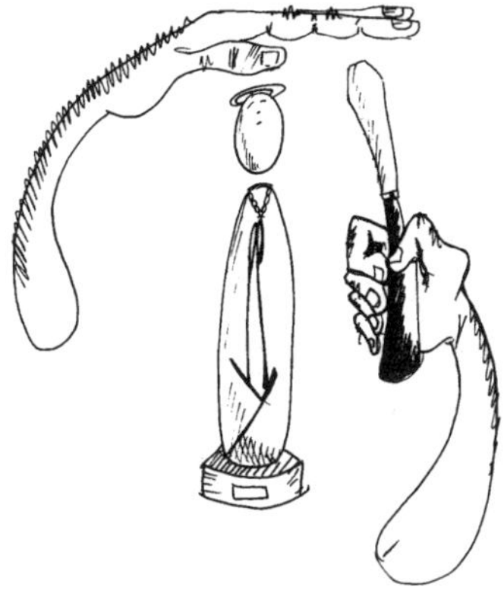

1. Fazer ou não fazer imagem: uma lei ou uma precaução?

Essa é uma leitura bíblica que sempre provoca mal-entendido e alguns se preocupam em defender-se do que dizem. Vamos reconhecer os exageros que costumamos praticar em relação à imagem em nossas igrejas e casas; vamos reconhecer o culto exagerado às imagens. Está na hora de deixar os excessos.

A imagem foi sempre um modo de expressão do ser humano. Os primitivos sentiam necessidade de transmitir sua história através de imagens desenhadas nas cavernas. Uma catequese para formar o espírito de grupo e para conservar as tradições.

A Igreja também usou as imagens para sua catequese desde o início das pregações do Evangelho, fixando em estátuas momentos da vida de Jesus, de Nossa Senhora e dos santos. Uma catequese que informa, mostra o caminho. Usou também para substituir as divindades dos povos que eram evangelizados.

A Igreja nos ensina que nós adoramos a Deus e esse culto se chama "latria". Aos santos prestamos nosso culto de veneração que se chama "dulia" e a Nossa Senhora, que é especial, nossa veneração se chama "hiper-dulia". A palavra "adorar" em nossa língua já adquiriu novo sentido. É comum ouvirmos as pessoas falarem: "adoro esse doce, adoro meu filho, adorei o passeio..." Não podemo-nos impressionar com os termos; é certo que nenhum santo está no lugar de Deus.

Quanto às proibições de se fazer imagens contidas na Bíblia nos livros do Êxodo (20,3-5) e Deuteronômio (4,16.19), precisamos entender como preocupação de não permitir ao povo escolhido que imitasse outros povos que tinham muitos deuses. Por outro lado ficamos vendo como em outras passagens o próprio Deus manda fazer imagens. Vejamos alguns textos:

1Reis 7,23-39: "Fez o mar de metal fundido... Este repousava sobre doze touros, dos quais três olhavam para o norte, três para o oeste, três para o sul e três para o leste... Sobre as molduras que estavam entre as travessas havia leões, touros e querubins..."

Números 21,4-9: "... Moisés intercedeu pelo povo e Iahweh respondeu-lhe: Faze uma serpente abrasadora e coloca-a em uma haste..."

Êxodo 25,17-22: "... Farás também dois querubins de ouro, de ouro batido os farás, nas duas extremidades do propiciatório; faze-me um dos querubins numa extremidade e o outro na outra: farás os querubins formando um só corpo com o propiciatório nas duas extremidades. Os querubins terão as asas estendidas para cima e protegerão o propiciatório com suas asas..."

E agora como fica a interpretação dos textos? Está ou não está proibido fazer imagens? É ou não é idolatria? A mesma Bíblia que condena, manda fazer imagens.

Não podemos ter estreiteza de mente. É melhor estudar um pouco mais a Bíblia antes de sair falando.

Batismo

1. Batismo de criança: uma graça ou uma imposição?

Quanta gente se vê apertada quando é questionada sobre o batismo de criança. Realmente parece estranho batizar quem não entende e não é convicto do que acontece no batismo.

O batismo, como a própria vida natural do homem, é um dom de Deus, uma graça que o torna seu filho. Se não é uma injustiça que Deus nos tenha criado sem ter nosso consentimento, assim é necessário reconhecer o direito de Deus expressar seu amor no fato de nos chamar para nos tornarmos seus filhos. É certo que Deus quer filhos livres, por isso a Igreja aconselha a batizar filhos de pessoas que tomem a responsabilidade de educar cristãmente as crianças, até que elas possam assumir por si mesmas a realidade do batismo.

Só tem sentido batizar crianças que nos dão a garantia de uma sadia formação religiosa. Quando os pais e padrinhos não assumem nem sua vida religiosa na comunidade, é sinal de que não vão assumir também a orientação dos filhos e afilhados.

Já foi o tempo em que ficávamos preocupados em batizar a todo o custo. Hoje entendemos que, se for da vontade de Deus, ele salvará a criança de outro modo. Mas batizar só para batizar ou para não ficar doente, isso não se faz. Quando a criança se tornar adulta, vai tomar uma decisão por si mesma.

Seria muito gratificante participar de uma celebração de batismo, na qual todos compreendessem o que se passa nessa hora e tivessem uma fé atuante na comunidade. Essas crianças iriam receber dos pais, junto com o testemunho de uma vida, a orientação segura para serem livres e fiéis em Cristo.

O cristianismo não é um conjunto de leis, mas é um caminho. Cada curso de batismo tem como finalidade mostrar esse caminho ou aprofundar seu conhecimento sobre o seguimento de Jesus. Não vejo obrigação de fazer esses cursos, vejo como necessidade de uma instrução para uma celebração consciente. Às vezes as pessoas dizem que sabem mais do que o palestrante; então nesse curso peçam licença e assumam a palestra no lugar do catequista. Infelizmente se dá mais valor à festa que ao sacramento.

A realidade misteriosa da nossa inserção no Mistério Pascal de Jesus está ainda muito distante do nosso saber. Jesus como caminho é ainda uma interrogação para muita gente. A Bíblia diz: "Agora vocês já não são mais servos, mas filhos... ora se somos filhos, somos também herdeiros... sepultados na morte de Cristo, com ele ressuscitamos para a vida nova". Cada pai e cada mãe deviam dizer aos filhos: vocês foram batizados na mesma fé que nós temos.

2. Padre, o senhor batiza filho de mãe solteira?

Quanta dor de cabeça para os párocos e quanto descontentamento por erros das duas partes, erros que poderiam ser evitados se não tomassem posições extremas.

As mães e familiares devem compreender a razão das normas em certas paróquias que não aceitam batizar filhos de mãe solteira. A Igreja toma algumas atitudes com as quais não se condenam as mães solteiras, mas se pede que elas tomem uma nova posição, façam uma reflexão e vejam que devem mudar de vida. Hoje batiza um, amanhã outro, depois de amanhã vem um terceiro.

Se quer batizar, mostre que já refletiu, já deu novo rumo a sua vida. Um erro se entende, mas a repetição mostra a imaturidade da pessoa, o que também vai impedir de educar cristãmente o filho.

Da parte dos párocos precisa haver mais flexibilidade e mais compreensão. Não se pode transformar uma orientação da Igreja em lei, porque "nenhuma lei feita pelo homem tem o poder para obrigar a consciência, se for arbitrária" (Bernhard Häring). Se não nos detivermos para examinar caso por caso, estamos sendo arbitrários. Não se podem deixar tais casos ao critério e exame de uma secretária paro-quial, a quem não se tem obrigação de abrir a consciência. A missão da Igreja é acolher e não excluir, e se evangeliza muito mais acolhendo que excluindo.

Com a preocupação de dar uma boa formação, acaba-se tornando a Igreja intolerante, antipática e exclusora dos que a procuram em situações menos regulares.

Todos nós sabemos a concessão do Direito Canônico: a mãe que apresente padrinhos responsáveis que possam responder pela criança. Eles vão encaminhar essa criança e ministrar a ela uma boa formação religiosa. Serão responsáveis em lugar dos pais. Para que servem os padrinhos?

Não queremos nivelar os casos ou desvalorizar as normas pastorais que todas as paróquias devem ter; sentimos que todos devem observar essas normas, que deverão conduzir as pessoas a uma sólida formação e a uma vida de comunidade. Mas sentimos também que esses assuntos e normas suportam bem maior flexibilidade.

A rigidez nesses casos nos aproxima muito dos fariseus, que "carregam os ombros dos outros com pesados fardos que eles mesmos não podem suportar". Vejam o caso dos filhos de "padres casados", sem ter a situação pessoal regularizada; como os colegas os passam por baixo do pano sem escrúpulo algum. Por que não passar os outros também pelo mesmo buraco do pano?

A intolerância lembra a advertência de Jesus aos fariseus: "Vocês ficam na porta, não entram e não deixam os outros entrarem".

Confissão e comunhão

1. Confissão e comunhão não se separam?

Devemos ter sempre um grande respeito pela comunhão, afinal é Jesus presente como alimento. Quanto mais estiver em estado de graça e com o coração purificado mais perfeita será a união com Deus através de Jesus e mais intenso o desejo de viver em fraternidade.

A confissão é um dos caminhos de purificação. Não é o único caminho para se alcançar o perdão. São Pedro fala em sua carta que a caridade, o amor, cobre uma multidão de pecados. Jesus também disse aos apóstolos: "Vós estais limpos pela Palavra que vos anunciei".

Muita gente não está em pecado e não consegue comungar porque não se confessou. Ora, sabemos que o pecado grave impede a comunhão. Mas se não se está em pecado grave não há problemas, porque o pecado leve não nos impede da aproximação da comunhão. Uma pessoa que não está em pecado grave pode comungar muito tempo sem ter a preocupação da confissão.

Temos de aprender que a obrigação da confissão só existe para os pecados graves. Essa confissão é necessária. Há, contudo, um conselho da Igreja para que as pessoas se confessem mais vezes procurando uma caminhada de conversão mais intensa. A confissão freqüente ajuda no crescimento espiritual, na transformação da pessoa e leva a uma união maior com Deus, mas não é obrigação.

Houve um tempo na Igreja em que se exigiu muito das pessoas para que pudessem comungar, mas a própria Igreja rejeitou essas idéias. Por isso encontramos pessoas superpreocupadas que acabam confessando-se sem mesmo ter matéria para receberem a absolvição. Há também os escrupulosos, de consciência superdelicada, que vivem uma tensão grande cada vez que vão comungar. Temos de partir da prática de Jesus. Ele veio para os pecadores, para os doentes, por isso não se pode dar a comunhão somente aos santos. Quem mais precisa de Jesus são justamente os pecadores, os que têm problemas e dificuldades.

Assim pode acontecer que uma pessoa chegue ao sacerdote e diga que está comungando sempre e sem se confessar, porque não tem pecado e sua consciência não a acusa de nada grave. A atitude do padre será de acolhida, respeitando a consciência dessa pessoa, podendo aproveitar a oportunidade para convidá-la a um crescimento através da confissão freqüente.

Desse modo se vê que confissão e comunhão nem sempre andam juntas.

Dias Santos de guarda

1. Missa aos domingos e dias santos: uma obrigação?

Nossa formação religiosa às vezes não se preocupa com a formação da consciência, mas nos fornece fórmulas determinando a moralidade de nossas ações. Falta critério para discernimento. Ficamos com uma série de normas e leis que sempre nos obrigam, porque assim está escrito. Jesus advertiu: "a letra mata, o espírito é que vivifica".

Assim acontece com o mandamento da Igreja que nos obriga à missa nos domingos e dias santos. Acabamos num legalismo impressionante a ponto de não comungarmos se perdermos uma missa; isso sem nos perguntarmos o motivo. Um mandamento que a Igreja pode mudar e que obriga a todos, quando não se tem condição de acolher a todos. Imagine se todos resolvessem vir à missa! Não questiono o mandamento, questiono a falta de esclarecimento.

O primeiro mandamento da Lei de Deus é o amor a Deus, que vai aparecendo em todos os nossos atos. Todas as explicitações devem ajudar-nos a caminhar nesse amor, por isso aparecem as normas que indicam, sinalizam o caminho. Assim temos de entender o convite para a "missa de preceito". É uma convocação da comunidade para o grande momento da salvação que é a Eucaristia, o grande momento da fraternidade. Quem não entende isso, pouco estará ligando para pecado ou não pecado, para obrigação ou não obrigação.

As nossas igrejas continuam com um parco número de fiéis e nós continuamos falando do mesmo modo em plena época de uma "nova evangelização". Não estaria na hora de deixarmos de insistir nessa tal obrigação e mostrarmos o momento da Eucaristia como um encontro feliz em que sua presença se faz necessária? Mostrar, como faz o Concílio Vaticano II, que a missa é o ponto alto da vida cristã, fonte de toda essa vida, sem o receio de nossas igrejas se esvaziarem. Poderíamos perder em quantidade, mas ganharíamos em qualidade.

Quem vem à missa deve vir porque está consciente do que acontece no altar. Vê a missa como um momento privilegiado da graça, momento salvador de Deus, momento de fraternidade assumida e redentora, momento de sua família. Quando não sabe o que faz, também não peca. Quando está impedido de participar, não pode estar presente, também não peca. Além da ignorância, são muitas as causas que podem impedir a participação na missa: doenças, velhices, viagens, visitas etc.

O erro, o pecado, acontece quando a pessoa pode vir e não quer, significando com isso seu pouco caso e até desprezo pelas coisas de Deus. Quanta gente vai à missa desinteressada, para cumprir preceito, e reclama até quando o padre faz algumas digressões ou alonga um pouco a celebração. Que sentido faz essa presença! Igreja não é um supermercado da fé.

Certas são aquelas pessoas que participam, são alegres e dedicadas a sua comunidade e sabem que reunidas fazem acontecer o grande momento da graça salvadora.

Exame de consciência

1. Exame de consciência: caminho para crescer?

Exame de consciência é um olhar para dentro de si, uma análise de tudo o que se fez. Faz bem descobrir as boas ações, perceber o valor das grandes e pequenas coisas que fizemos. Faz muito bem descobrir também os erros, as falhas, as vezes que não conseguimos expressar-nos com bondade. Um momento que serve para agradecer a Deus e se valorizar mais. Outro olhar é uma oportunidade de encontrar o caminho certo, corrigindo erros e faltas.

Temos um costume de fazer exame de consciência para ver só os erros, mas é bom nos habituarmos a ver aquilo que fizemos de bom durante o dia. Quem não se analisa, não se conhece, não tem chance de mudar.

O silêncio e a concentração vão nos ajudar a percebermos nosso interior, vão nos ajudar na avaliação e nos fortalecerão nos princípios que devem orientar nossa vida.

A consciência é um santuário onde ninguém entra e só Deus conhece; é nesse íntimo que a pessoa encontra-se consigo, encontra-se com Deus e é onde Deus fala. Essa consciência pode ser bem-formada ou malformada. Será bem-formada quando se guiar pelos valores evangélicos, pelos valores da lei natural que Deus gravou dentro de cada um. A consciência é a regra última do agir humano. Ninguém a substitui.

É por esse respeito à consciência de cada pessoa que se aboliram as tais listas de pecado. A pessoa lia aquela lista e não se dava ao trabalho de analisar, avaliar seus atos. Era prático mas não produzia frutos, pois nem sequer via-se porque errou, qual era seu grau de conhecimento e liberdade para fazer o que fez.

Cada um precisa aprender ou descobrir onde estão seus erros e o porquê desses erros ou pecados. Usar como critério aquilo que os outros falaram é não querer refletir e perceber onde se apoiam os erros ou os acertos. Saber por que se erra já é meio caminho andado para se corrigir. Por isso facilmente liga-se o exame de consciência à confissão, mas essa deve ser uma prática para todos os dias: passar o dia a limpo para planejar o que vem em frente.

Sabe-se que a consciência fala dentro da gente e ninguém amordaça a própria consciência. É necessário muito cuidado para não se criar no coração a insensibilidade que impeça de ouvir a voz de sua própria consciência.

Um trabalho de auto-análise pode tornar qualquer pessoa bem mais delicada, sensível. Parece que tudo depende de uma educação de si mesmo. Quanto mais perto de Deus, mais podemos perceber nossos erros e faltas. Não se pode cultivar uma consciência doentia; quem perceber desvios deve procurar um confessor que oriente ou uma terapia que ajude a trabalhar a si mesmo.

Primeira Comunhão

1. Não fiz minha Primeira Comunhão. O que faço agora?

Quantas pessoas já com certa idade chegam para tirar suas dúvidas e uma delas é a de não terem feito sua Primeira Comunhão. Para quem está desavisado, o problema se resolve fazendo um curso na catequese, confessando e comungando. Mas se fizermos a pergunta: "Você já comungou alguma vez?", ou "Já tomou a hóstia alguma vez?", na resposta vamos perceber onde está a dificuldade, porque a pessoa já comungou uma ou várias vezes. Ela não fez a Primeira Comunhão festiva, com velas, enfeites, festas de uma Primeira Comunhão em grupo feita com crianças.

A comunidade tem o costume de preparar as crianças na catequese. Como será a primeira vez que a criança vai comungar, há certos ritos e comemorações que dão importância a esse momento da sua vida: vestido, velas, enfeites, diplomas, ensaios, cerimônias etc., que às vezes distraem as crianças em vez de conscientizar. Que terror a andança de fotógrafos por todos os lados durante a celebração. Que horror a conversa das "tias e comadres" mais preocupadas com os enfeites da criança do que com a comunhão que vai receber.

Quando há grupos de adultos que se preparam, também acontecem situações semelhantes, visando uma celebração participada da própria comunidade. Porém alguns adultos são preparados em particular ou procuram um sacerdote que lhes dá uma formação bem resumida explicando o essencial. E eles fazem sua Primeira Comunhão no meio do povo, sem chamar atenção de ninguém, porque já não interessa chamar atenção, porque já provocaria certo mal-estar na pessoa.

Acontece também que, por falta de orientação dos pais, falta de catequese, mudança para lugares sem recurso, alguns entram na fila e comungam sem muita informação ou sem nenhuma preparação. O que dizer? Bem ou mal, já fizeram sua Primeira Comunhão.

Deveriam ter sempre uma boa preparação para uma comunhão consciente e proveitosa, mas infelizmente já fizeram sua Primeira Comunhão. Resta agora procurar uma catequese ou alguém que lhes dê uma instrução religiosa ou peguem um catecismo e conheçam o que estão fazendo, conheçam as verdades da fé. Agora não cabe mais a preocupação; o que foi feito, está feito.

Acredito que as comunidades deveriam rever sua prática de preparação para a Primeira Comunhão, o que se ensina nas aulas de catecismo, sem abolir ritos e celebrações que deixam marcas agradáveis nas crianças. Muitas exigências dificultam a participação dos mais pobres e simples. Os tempos de longa duração dessa catequese acabam provocando a fuga daqueles que mais precisariam dela. A desculpa de aproveitar a oportunidade faz não perceber que a longa preparação transforma a catequese em um castigo e por isso mesmo, uma vez que tiraram o diploma, eles não voltam mais.

Namoro e noivado

1. Namoro e noivado: um tempo quente?

Há muitos ganhos nos tempos modernos, ganhos de liberdade de se conversar sobre tudo, de facilidade de orientação, esclarecimento, abertura e menos tabus. Por outro lado, vemos como surgem problemas, exageros, deturpações e desequilíbrios que levam ao desrespeito total.

Os meios de comunicação abriram um leque de possibilidades de informação, mas colocaram também suas idéias secularizadas, seus valores sem consideração pela dignidade da pessoa humana e pelo Evangelho. Chamam a atenção sobre o prazer, sobre uma liberdade que não se compromete, sem nenhuma escala de valores, sem ética, misturando o transitório com os valores perenes. Assim joga a juventude em loucas aventuras pelas quais ninguém se responsabiliza depois.

O desejo de realização pessoal ao lado de alguém deveria levar a pessoa à procura de quem mais se adaptasse a si em seu gênio, em seu modo de pensar, de querer, em seus projetos, trabalhos, cultura, religião etc. E tudo se deve ver e perceber durante o namoro.

Namoro é tempo de mútuo conhecimento e adaptação em que se investe quanto tempo for preciso. Daí nasce a capacidade de comunhão de vida, de ideais e projetos: desenho de uma vida feliz.

Queimada essa etapa, tudo se precipita e dá origem a casamentos malfeitos e sem fundamento. Surgem as inevitáveis divergências que acabam na desculpa mais sem-vergonha que existe: incompatibilidade de gênio.

Essa pressa em fazer tudo antes de ver, analisar, sob a desculpa de que "ninguém agüenta e precisamos saber se nos amamos", apressa e queima qualquer processo de amadurecimento no amor.

E quando já há uma certeza maior do que se quer e de quem ama, vem então o compromisso do noivado, tempo de planejar a vida nos detalhes, nas práticas do dia-a-dia. Aí aprende-se a viver em comunidade e educar-se para essa convivência.

Se dependesse de nós, gostaríamos de dizer aos jovens para não brincarem com os sentimentos dos outros e com seu próprio futuro, que aprendessem a se controlar e não se deixassem dominar pelo que os outros fazem e dizem. Não compensa uma pressa em troca de um casamento com conseqüências para a vida toda.

Amor é gesto de comunhão de vida e ação, em que um se faz presente no outro. Amor é esquecer-se de si e viver para fazer o outro feliz. Amar é olhar juntos na mesma direção.

Dízimo

1. Pagar ou não pagar o dízimo?

Essas expressões fazem a Igreja cheirar comércio e fazem mais mal do que bem. Ninguém tem de pagar; o dízimo é uma contribuição generosa feita por quem tem consciência e percebe que ele é responsável pela manutenção do culto e pelo crescimento de sua comunidade. Então essa pessoa assume a comunidade e passa a ajudar com seu trabalho e economicamente.

O dízimo tem base na Bíblia. Há referências que estão ligadas à manutenção dos levitas e sacerdotes e do Templo de Jerusalém. É uma pena que hoje o dízimo seja levado mais para essa direção, porque ele teria muito mais força se fosse orientado para o social na comunidade. E aqui ficam o grande problema e uma pergunta: "O que realmente se faz com o dízimo em nossas paróquias? Há uma prestação de contas à comunidade?".

Há muitos outros meios de prover a manutenção e o crescimento das comunidades; há outras formas de sobrevivências. Por isso a sabedoria da Igreja diz: "pagar o dízimo segundo o costume". Não sei se devíamos fazer um cavalo de batalha dessa questão. Jesus chama a atenção dos fariseus sobre a preocupação exagerada com o dinheiro. A prática de Jesus é a misericórdia e a justiça.

Compreendemos que sem dinheiro fica difícil organizar os trabalhos na comunidade. Mas reconhecemos que há muitos outros meios que vemos na sociedade leiga e que funcionam bem e não são odiosos.

Não pregamos contra o dízimo. Achamos que é um caminho de participação, por isso cada um deveria contribuir conscientemente; é uma forma de partilha e de solidariedade, mas não se pode radicalizar. Deviam ser mais divulgadas a pastoral do dízimo e uma dedicação em formar as pessoas. É muito mais religião uma contribuição consciente que dispensaria taxas e pró-labore, bem como as paróquias poderem manter certas obras sociais que supririam as deficiências da sociedade leiga.

Não podemos nos esquecer da viúva que colocou no tesouro do Templo algumas moedinhas. Na verdade colocou mais que todos, pois depositara no tesouro do Templo tudo o que ela possuía.

Continua sempre verdade que o que sobra para nós pertence aos pobres. A comunidade nos chama para uma vida de comunhão e participação. Dízimo não é esmola, mas minha participação na vida da minha Igreja.

Devoções

1. Devoções: uma prática que obriga?

Há certas práticas que são necessárias para se manter a fé sempre viva e para expressar a comunhão com a comunidade, mas há práticas que são opcionais. Na vida cada um escolhe seu modo de caminhar para Deus e de trabalhar seu interior. Muitas pessoas nos ensinam caminhos que elas já percorreram e que podem realmente facilitar o crescimento espiritual. No final de tudo a decisão é de cada um.

Essas práticas entram no rol das devoções. Devoção a um santo nos leva a conhecer sua vida, seu trabalho, sua espiritualidade e tentar imitar suas virtudes, não é só um ato de piedade. Existem devoções que são atos de piedade, assim como as orações que rezamos diariamente, a prática de acender velas aos santos, a recitação do terço, a devoção às primeiras sextas etc.

Somos aconselhados a fazer aquelas práticas que nos ajudam a manter e aumentar a fé. Não somos obrigados às práticas piedosas que também nos ajudam, mas dependem de uma escolha pessoal.

Fico sempre pensando na precariedade de certas devoções iniciadas por conselho de alguma visão. Se nós fizéssemos tanta propaganda da missa aos domingos como se faz das primeiras sextas, teríamos muito mais gente na comunidade. Devíamos valorizar as missas dos domingos, mas o que fazer com quem acredita em ser salvo sem fazer muito esforço?

Ficamos penalizados ao ver pessoas correndo de um lado para outro para aproveitar todas as oportunidades de se salvar através de promessas fáceis. E mais penalizados ao ver que alguns levam quase metade do dia lendo um volume de rezas que recheiam seu devocionário na cabeceira de sua cama.

Muito mais estranha é a necessidade que alguns sentem de passar e repassar todas as imagens de uma igreja, como sinal de sua fé. Tudo isso revela uma ingenuidade da fé de quem se amarra facilmente a fórmulas e números para arrancar de Deus a salvação que é totalmente gratuita e não depende desses gestos.

Ninguém está criticando uma devoção, estamos comentando o exagero e a falsa idéia de que cumprindo uma série de dias com tais ou tais práticas já se está salvo. Estamos orientando para que as pessoas tenham suas devoções, mas que não sejam ingênuas amarrando-se a elas como uma tábua de salvação, e nem vivam cheias de escrúpulos por não terem conseguido cumprir a ordem do dia que era a recitação de uma centena de orações.

Jesus falou mesmo: “Quando orardes não multipliqueis as palavras...”. Acho que nos faz falta ter aprendido a rezar com as mãos, repartindo nosso pão e nosso amor com os necessitados.

Voto e promessa

1. Voto e promessa são a mesma coisa?

Que confusão o povo apronta quando se trata de promessas! E não é para menos: como distinguir entre voto, promessa, juramento, intenção, proposta, propósito? O que nos interessa são as tais "promessas" feitas a qualquer hora e de qualquer forma, na maioria das vezes sem ter conhecimento do que se está fazendo.

Voto é uma promessa feita a Deus de uma maneira deliberada e livre, de um bem melhor e possível. Ninguém está obrigado a prometer e não é possível prometer a Deus algo ruim. É um gesto de adoração a Deus, um gesto de ação de graças.

Há votos públicos e particulares que dependem de orientação e formação, bem como da aceitação da Igreja. Há outros tantos que revelam a intenção da pessoa ou um contrato a ser feito. Mas todos eles procuram sempre um bem melhor, sem nada exigir. Cada um é livre para se obrigar por um voto. Supõe que a pessoa saiba o que está fazendo e queira fazer.

A intenção e o propósito não exigem a mesma fidelidade que o voto e o juramento exigem. As intenções e propósitos fazem parte de um projeto de vida e são pequenas ou grandes metas que colocamos para alcançar o objetivo. Mas em tudo isso vale sempre a fidelidade; assim diz o Salmo: "Cumprirei os votos que fiz ao Senhor todos os dias de minha vida".

A confusão começa quando fazemos nossas promessas com a intenção de alcançar alguma graça de Deus ou dos santos. Há gente esclarecida que sabe o que faz. Há gente que faz promessa no desespero, faz promessas que são verdadeiros castigos. Há outros com o mau costume de fazer promessas a toda hora; quando não fazem para outros cumprirem. O que é certo nessa confusão?

Uma promessa não é um gesto para obrigar a Deus a nos atender. Não é um negócio, uma troca com Deus. É muito mais um pedido de intercessão, no qual determinamos o modo como vamos fazer nossa ação de graças. Na verdade é mais um propósito. Não podemos dizer que muitas promessas cheguem a ser um voto; faltam condições.

Para ação de graças vamos oferecer coisas boas, nada que prejudique a nós ou a outros. Não se fazem promessas a torto e a direito. Não se faz promessa para outros cumprirem; pode-se cumprir na intenção do outro. Ninguém é obrigado a cumprir promessa que outros fizeram. Não se faz promessa no desespero, sem saber o que está fazendo. Não se deve fazer promessas para a vida inteira; as circunstâncias podem mudar e o que fazer depois? Para que fazer uma promessa de atravessar a passarela da Basílica de joelho no chão? É prejudicial à saúde. Jesus já falou que vale mais um coração arrependido que muitos sacrifícios.

Muitas promessas não são válidas, porque faltam as condições e a lucidez de quem as faz. E se alguma não pode ser cumprida, fale com o sacerdote para que troque ou abrevie a promessa ou esclareça por que não valeu. O importante é ser agradecido a Deus. Jesus reclamou dos 10 leprosos, pois só um voltou para agradecer.

Mentira

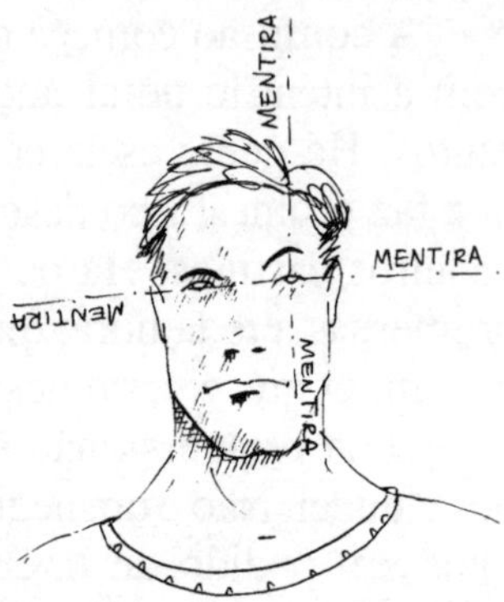

1. Mentira: algo muito inocente?

É comum ouvirmos as pessoas dizerem: "Foi só uma mentirinha". E as mentirinhas vão enchendo nosso dia sem que percebamos para onde nos levam essas situações em si tão insignificantes.

O cristão está vinculado à verdade através de Jesus e do Espírito Santo, chamado Espírito da Verdade. Deus é a suprema Verdade e se manifestou em Jesus, Verdade e Vida. No seguimento de Jesus a verdade é condição fundamental, pois sem compromisso de ser verdadeiro nos distanciamos da fonte da verdade e vamos deturpando os mais puros sentimentos.

Na Bíblia são muitas as passagens que pedem que abominemos a mentira e as situações enganosas, chegando mesmo a dizer que o diabo é o pai da mentira. Ela nos dá muitas razões para sermos verdadeiros e mostra como o amor precisa da verdade: "Somos santificados na verdade". Como ser sincero no louvor a Deus, se falseamos nossa vida com grandes e pequenas mentiras no dia-a-dia?

Três pontos chamam nossa atenção: Ser verdadeiro como norma para querer ser fiel; pensar de acordo com a verdade; agir segundo a verdade. Essa é a trilha certa de quem procura a paz.

Os teólogos fazem muitas distinções sobre a mentira, sobre a culpa da mentira. Percebemos que é grave a mentira perniciosa, porque prejudica as pessoas ou atinge os valores da fé. Notamos também que às vezes não somos verdadeiros, mas isso não prejudica ninguém e até mesmo contorna algumas situações complicadas. Outras vezes não falamos a verdade, porque a pessoa não tem direito de saber a verdade. Nesses casos não temos falta grave e às vezes nem é falta, principalmente quando a pessoa não tem direito de saber ou vai usar mal do que falamos.

Poderíamos formar nossa consciência pensando que mentira seria toda a fala contra a verdade devida, isto é, que a pessoa tem direito a saber. Embora estejamos na linha do minimismo, lembramos que quanto mais verdadeiros formos, mais semelhantes a Deus seremos.

Com isso queremos tirar a preocupação de muita gente que se vê apertada ao ter de disfarçar a verdade ou mesmo não falar, porque pessoas que perguntam estão entrando na privacidade do outro e depois vão fazer bisbilhotices e fofocas e vão desrespeitar e mesmo prejudicar os outros.

Queremos que todos tenham uma vida irrepreensível e verdadeira, que brilhe a luz de cada um e leve os outros a conhecer a Deus. Que todos tenham uma vida sincera e transparente. Por outro lado queremos evitar o despudor de quem para ser "verdadeiro" joga a vida dos outros no lixo. Essas pessoas não são sinceras e nem verdadeiras, são maleducadas e grosseiras e não conhecem o limite do bom senso e da caridade.

Segredo

1. O segredo obriga ou não obriga?

O segredo faz parte das relações humanas, seja nos negócios, seja em todos os dias da vida. E pela falta de guardar segredo quanto mal se faz aos outros, tornando a vida mais fechada e as pessoas distantes umas da outras. Talvez hoje o que mais nos falta é uma pessoa segredosa com quem possamos desabafar nossos problemas e sucessos.

Há três tipos de segredo: o natural, o prometido e o confiado. O segredo natural impõe discrição a tudo aquilo cuja simples revelação seria contrária à justiça ou à caridade. O segredo prometido abrange o que se prometeu, mesmo que não haja obrigação normal de guardar silêncio; cessa a obrigação quando o silêncio não tem mais sentido ou um bem maior exige que se fale. O segredo confiado cobre tudo aquilo que se sabe sob a condição de guardar segredo; o mais importante dele é o profissional. E entre esses o mais rigoroso é o segredo da confissão.

O segredo tem sua fonte de exigência na fidelidade e no respeito pela verdade, respeito ao direito da pessoa humana. Jamais posso revelar algo que redunde em prejuízo de alguém. Por isso é que não podemos abordar problemas espinhosos ou fazer certos comentários a pessoas não criteriosas; isso feito diante de um público não preparado é um desastre.

Esse direito à própria intimidade e à vida íntima do próximo deve-nos alertar para que não coloquemos em público coisas que só nós sabemos. Temos de contar com nossa fraqueza e com o mal que produzimos no próximo. A quem vamos recorrer nas horas difíceis se destruímos as barreiras do segredo? Pela falta de discrição condenamos muita gente à exclusão e ao isolamento.

Todos têm seus segredos. Se porventura descobrimos alguns, a caridade nos obriga ao silêncio, não devemos divulgá-los. Essa mania de querer desvendar segredos para poder usar depois é, em si, um pecado grave. É uma grosseria pôr-se à escuta da vida alheia. Há gente que não respeita vizinhos, negócios, correspondências alheias e vive bisbilhotando a vida dos outros, depois sai comentando por toda parte.

Há pessoas que nos colocam em situações complicadas das quais só saímos adotando um modo de falar que não diga o segredo. Fazemos uma restrição mental.

Pode haver necessidade de quebra de um segredo, mas isso só quando um bem muito maior o exigir. Do contrário tudo o que temos de fazer é calar a boca. São Tiago diz que é mais fácil controlar os cavalos, pondo os freios na boca, do que a língua humana.

É preciso vigiar a si mesmo, porque o malfeito sempre parece mais delicioso de ser comentado com os outros. Mas isso faz parte da maldade já plantada em nossos corações: o gosto de falar mal e a incapacidade de ouvir, ver e se calar.

Aparição e visão

1. Aparição ou visão — em que acreditar?

Inúmeras pessoas falam e até juram que tiveram um encontro com Nossa Senhora ou com um dos mortos de sua família. E o mais interessante é que a conversa tem pé e cabeça. Esses encontros se repetem até com mensagens para outras pessoas e com algumas previsões.

Na história do pobre Lázaro no Evangelho fica muito claro que os mortos não aparecem. Eles vivem outra realidade, de modo que aparição não acontece com eles.

A Igreja mantém uma prudência muito grande diante dessas conversas e até hoje não definiu que Nossa Senhora apareceu, simplesmente diz se não há erros nas mensagens divulgadas e que se pode prestar culto a Nossa Senhora nos seus diversos títulos.

Está na hora de questionarmos essas aparições que trazem mensagens aterrorizantes e ameaçadoras. Não se pode crer que Deus permita coisas fúteis. Quando a Bíblia fala de um Deus-misericórdia, muitos querem enfiar em nossas cabeças a imagem de um Deus que quer a conversão pelo medo e com ameaças. Isso é falta de respeito com as coisas de Deus.

Quando, porém, se fala em visão, já podemos entender com mais facilidade. A visão é produto da mente da pessoa projetado no sentido; assim pode-se ver, ouvir. Por isso não se duvida quando a pessoa diz que viu, ela de fato viu mesmo. Porém, na realidade tal coisa nunca existiu, porque ela viu uma imagem projetada no sentido. Tanto é verdade que ninguém vai conseguir ver o que não tem como imagem em sua mente. A mente produz segundo o modelo que possui em seu arquivo. Hoje o estudo da parapsicologia descobre esse mundo da mente, seus desvios e aberrações.

Para se ter uma visão basta a pessoa ser sensível, impressionada, preocupada ou traumatizada pelo acontecido. Não quer dizer que a pessoa seja desequilibrada. As mensagens serão certamente aquelas que já lemos ou ouvimos ou tomamos de alguém que nos transmita através do pensamento ou hipnose.

Pode acontecer também que pessoas que possuem um descontrole do sistema nervoso ou portadoras de distúrbios psicológicos tenham visões. Elas conseguem movimentar uma multidão de devotos ao redor dos seus devaneios.

É preciso andar com os olhos abertos para não aceitar certos acontecimentos como expressão de Deus ou manifestação divina. O conteúdo da Revelação se completou com a última frase da Bíblia: "Vem, Senhor Jesus". Ninguém vai dizer mais nada, a Igreja apenas vai explicitando-nos as verdades contidas na Bíblia e vividas na Tradição.

No final de séculos e milênios aparecem mesmo inúmeros profetas que querem a conversão pelo medo. Esse não é o modo de Deus agir expresso pelas parábolas da misericórdia. Aqui se vê como é necessária uma fé lúcida, transparente, que tenha significado e nos ajude.

Não negamos que Deus escolhe diversos caminhos para manifestar sua bondade, mas também sabemos que Deus não se distancia do seu modo de agir expresso nos Evangelhos e na prática de Jesus.

Cremação

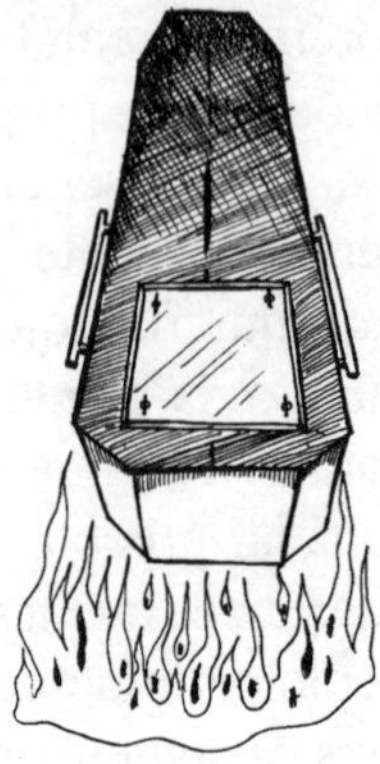

1. Cremação — o que pensar?

Estamos acostumados a sepultar nossos mortos e não nos habituamos a falar em cremação de cadáveres. Sepultar é o costume cristão até o momento, mas já temos crematórios. E o que pensar sobre isso e qual deve ser minha atitude de cristão nesse caso?

A Igreja teve sempre uma atitude de reprovação dessa idéia, pois sempre estava ligada a uma expressão da descrença na ressurreição dos mortos. Por isso era negada a sepultura eclesiástica a quem mandasse cremar seu cadáver. A disciplina da Igreja foi modificada pela Congregação do Santo Ofício (*Instrução Piam et constantem*, de 5 de julho de 1963 — AAS 56, 1964, p. 822-823). E com as modificações introduzidas pelo Novo Ritual das Exéquias é possível realizar as cerimônias no próprio crematório.

Muitos não são levados à cremação por descrença, mas por não aceitar a idéia de saber que seu corpo, organicamente, vai decompor-se ao ser enterrado; outros alegam motivos de higiene; outros ainda já pensam em espaço, o solo é muito precioso para ser ocupado por corpos organicamente decompostos.

A Igreja aceita, desde que não expresse sua descrença na ressurreição e nem seja motivo de escândalo. Muitos povos já possuíam a incineração como prática tradicional e até religiosa. É certo que também foi praticada como represália, para que não sobrassem nem as cinzas da pessoa.

No Cânon 1176, parágrafo 3, a Igreja aconselha que se conserve o costume de sepultar os corpos, contudo não proíbe a cremação a não ser que tenha conotação anti-religiosa.

Assim podemos concluir que a incineração não seja má por si mesma ou simplesmente tolerada e nem se exige causa justa para escolhê-la. A Igreja mostra preferência pelo costume antigo como manifestação da fé na ressurreição e respeito pela pessoa.

Poderíamos opinar que na realidade de hoje nas grandes cidades a cremação seja uma solução higiênica, prática e barata. Já é hora de formarmos nossa cabeça para aceitarmos a cremação até como uma solução a ser buscada.

Reencarnação

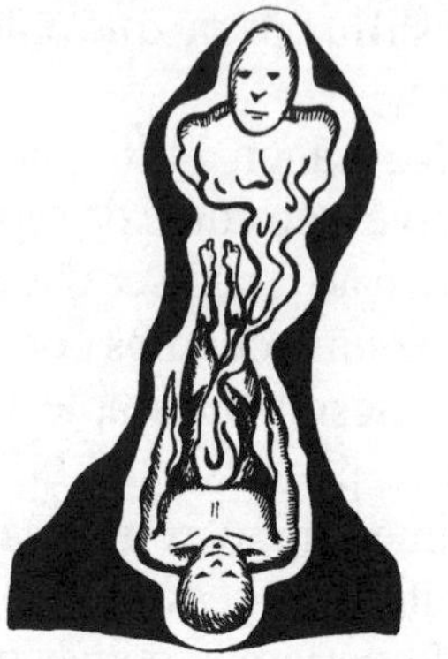

1. O que dizer da reencarnação?

O povo fala de uma vida anterior, mas ninguém prova que alguém conservou lembrança de uma vida anterior. São explicações fáceis para situações confusas, difíceis e diferentes, por isso várias pessoas falam de uma segunda, terceira ou quarta vida. E até é muito comum essa crença em voltar em nova forma de vida.

Onde está o problema?

Para os que acreditam na reencarnação, a salvação acontece através e pela passagem de uma existência para a outra sem que se tenha uma responsabilidade pessoal. Vai-se pagando na medida em que se reencarna e vive nova existência. De uma à outra existência acontece a purificação e a pessoa acaba sendo acolhida por Deus.

Essa crença é incompatível com a fé cristã. Aprendemos que Jesus oferece a salvação a todas as pessoas e uma salvação para cada um. Aí está o sentido da encarnação e a vinda de Jesus. Mas se nos salvamos reencarnando, perguntamos: para que Jesus veio, já que não é ele que salva e o mal desaparece por si mesmo?

Nossa fé ensina que "assim como Deus ressuscitou Jesus dentre os mortos, ele ressuscitará a cada um de nós após nossa morte". Esse também é o sentido do comentário de Paulo apóstolo: "Se estamos mortos e ressuscitados com Cristo, sabemos que vivemos com ele para sempre".

O outro problema que aparece é o filosófico, em que acaba-se recebendo uma forma de ser que não é a minha. Complica até meu existir e minha identidade; acabo carregando um passado com o qual nada tenho a não ser a solidariedade com a humanidade. Certamente vou ter dificuldade nas minhas escolhas, pois terei de fazer uma série de coisas levado pela vida anterior e por quem se incorporou em mim.

É tão gratificante saber e crer que Deus me fez único e que sou responsável pelos meus atos. Como é bom saber e crer que posso redimir-me e que Jesus me salva sem que eu precise carregar o peso até do meu passado. Ele tira o pecado do mundo, tira também o meu pecado, cura meu coração de meus erros, acolhe-me em sua bondade e me chama de filho.

Benzimentos

1. Benzer ou não benzer?

A Bíblia condena cartomantes, feiticeiros, benzedeiros, adivinhos, ocultistas e mais uma lista de arte que o povo cria. A condenação é sobre a prática dessas coisas.

Por mais que se fale, há uma série de mal-estares e doenças que desaparecem com uma "boa bênção". Mas fica uma pergunta: "Não é pecado ir benzer?".

Todo o cristão abençoa e santifica o mundo, as coisas e as pessoas pela vida que leva, pela vivência de sua fé. O pai, a mãe, padrinhos, madrinhas, tios, todos abençoam. Vejam na Bíblia a bênção que o velho pai deu a Tobias em sua viagem. A bênção é a palavra boa que colocamos sobre as pessoas, invocando o nome do Senhor, dos santos ou de Nossa Senhora, para agradecer, pedir algo ou manifestar um bom desejo.

Por si todos podem benzer, a bênção terá a força de sua fé, de sua comunhão com a comunidade. E para benzer há diversos gestos que expressam a fé e o ato de invocar o Senhor. O que então está errado?

Está errado procurar pessoas que não possuem uma vida digna que os recomende, pessoas que não participam de comunidade, pessoas que fazem disso um meio de vida, pessoas que não têm comunhão com Deus.

Está errada a mistura que se faz com idéias espíritas, com ritos esquisitos e outras tantas coisas para impressionar. Está errado o receituário que essas pessoas dão para executar depois que se chega em casa. Estão erradas as idéias que espalham, os gestos que fazem e outras coisas que são pura charlatanice. Está errado o abuso de coisas santas. Tudo o que não traz equilíbrio, tudo o que parece esquisito não é de Deus. O que vem de Deus é transparente, é simples.

São Paulo nos orienta quando diz: "Tudo o que fizerdes, fazei-o em nome de Jesus". É assim que rezamos sobre os doentes, abençoamos as pessoas, abençoamos as plantações, abençoamos o mundo em que vivemos e assim somos agradecidos a Deus que nos envia a grande bênção que é Jesus.

Correntes de oração

1. Correntes de oração: uma coisa séria ou um desrespeito?

Em quase todas as igrejas, nos últimos bancos ou nos pés dos santos, encontramos as famosas "correntes de oração", com descrições de prêmios recebidos ou de castigos sobre quem interrompeu a corrente ou não fez o número exato de cópias de acordo com o pedido.

Alguns textos estão cheios de erros, porque são cópias de tantas cópias já malfeitas. É admirável a criatividade de quem monta esses mecanismos para desestabilizar as pessoas. O medo do sagrado já assusta muita gente e impressiona tanto que a pessoa acaba fazendo as cópias e enchendo a paciência de outro tanto de pessoas. Não querem que a corrente seja interrompida em suas mãos, nem analisam o texto, nem percebem que a sua estrutura básica é igual a outros textos.

Sabemos pela leitura da Bíblia e vendo como Jesus rezava que esse não é um meio nascido de Deus pelo qual podemos alcançar uma graça ou o bem-estar que procuramos. Jesus era tão sereno para rezar; criticou os fariseus que eram barulhentos em suas práticas religiosas. Por que usar essa técnica para levar as pessoas a acreditarem em um Deus bondoso?

Podemos fazer propaganda de uma oração que achamos bonita ou que foi boa para nós em determinado momento da vida, mas no fundo a oração acaba tendo sentido quando é reflexo da vida interior de contato com Deus em cada pessoa. É positivo ensinar a reza do terço, o Pai-nosso, a Ave-Maria e outras rezas, contanto que usemos uma maneira adequada que se aproxime do jeito de Jesus e do jeito da Igreja.

O medo não nos pode impressionar. Por isso ninguém deve levar em frente essas correntes de oração. Pode seguramente queimar ou rasgar, sem levar em conta os referidos castigos. Não passem para a frente, porque vai levar confusão para outros. Essas correntes são frutos da imaginação doentia de alguns, usando uma boa estratégia de divulgação.

Quase o mesmo poderíamos dizer das orações poderosas a Santo Antônio, Santo Expedito etc. A oração até pode ser boa, mas no final aparece o indesejável: fazer um certo número de cópias ou publicar algumas vezes no jornal como ação de graças pelo benefício recebido. Não há outro meio de se mostrar agradecido?

Seria muito melhor se ajudassem as crianças carentes ou de rua, ajudassem os idosos, os cegos, os doentes ou o dízimo de sua paróquia. Ninguém está obrigado a mandar imprimir as cópias ou publicar nos jornais. Precisamos nos libertar disso e deixarmos de ser supersticiosos. Essas formas esdrúxulas de fazer divulgação dos santos ou das coisas de Deus é uma falta de respeito com as coisas sagradas. Lembramos os antigos que diziam: “As coisas santas devem ser tratadas santamente”.

Rezem muito, sem esse medo que prende as pessoas. Uma oração que liberta nos coloca em contato com o Pai que é amor e bondade e na sua presença.

Procissão

1. Procissão: um fanatismo ou uma questão cultural?

É gostoso assistir a um final de campeonato de futebol e ver os atletas campeões dando a volta olímpica pelo estádio, carregando a taça ou troféu e o povão agitando logo atrás. É uma festa, uma celebração de tantos momentos sofridos e alegres, em reconhecimento pelo trabalho desenvolvido pelo time. Nunca vi ninguém reclamar dessa volta olímpica.

Por que será que nossas procissões despertam tantas críticas por parte de alguns e são objeto de análises de sociólogos das religiões? Será que nós, povo, não podemos nos expressar de acordo com nossos gostos e temos de entrar no esquema de psicólogos, sociólogos e indiferentes?

A procissão é uma manifestação da piedade popular cuja base está na própria índole do ser humano. Nós precisamos de gestos e sabemos que a linguagem dos gestos é universal, enquanto que a palavra não o é, além de ser a mais fraca expressão da comunicação humana.

A vida tem seus ritos e não se podem dispensar os ritos uma vez que a pessoa não é só racionalidade, ela expressa através de gestos os seus sentimentos. A procissão é um rito que celebra a fé.

O homem é peregrino, está sempre em busca; a peregrinação é uma amostra dessa necessidade. A mesma necessidade que faz dar a volta olímpica com a taça leva as pessoas a carregarem seus santos, suas cruzes e fazerem suas peregrinações. São maneiras de expressar seu agradecimento, sua crença, sua alegria; é uma forma de reforçar seus pedidos; necessidade de dizer com gestos o que está dentro do coração.

Se há exageros, não sei dizer; mais exagero que um desfile de escola de samba, levando para a avenida uma quantidade de alegoria e uma multidão de pessoas, certamente não há. Nossas procissões estão longe disso. Esses críticos amargos nos desculpem. Se eles não enxergam nada de bom em nossas procissões e se para eles não há significado, que respeitem nossas expressões de fé que não magoam e nem pretendem ofender a ninguém.

Vamos prestar nossas homenagens a quem acreditamos que as mereçam. Imagens são representações. Mas há tantas representações de quem nada ou pouco fez pela comunidade. Nossos santos são importantes para nós, temos comunhão com eles, acreditamos em sua intercessão que nos ajuda e vemos em suas vidas um caminho de santificação.

Fim do mundo

1. Fim do mundo: terrorismo na fé ou uma expectativa?

Ao aproximarem-se certas épocas aparecem também os pseudo-profetas que levantam as mais fantásticas hipóteses sobre o fim do mundo. Por que esse gosto pela destruição de algo que Deus fez e achou que estava muito bom e o fez com muito amor?

A expectativa parece vir da necessidade, ainda que inconsciente, que as pessoas sentem de prever saídas para os momentos de crise na história. Como estamos hoje sempre em crise com tantas guerras, fomes, catástrofes, terremotos, ciclones, haverá sempre alguém que prenuncie o fim de todas essas coisas com o fim do mundo. Há também mentes doentias que facilmente se julgam iluminadas pelo Espírito de Deus e vaticinam as desgraças coletivas como caminho de purificação ou via de chegada a Deus.

O fim de nosso milênio está afundado em catástrofes, não será nenhuma novidade se alguém, na probabilidade, acertar alguma previsão.

Uma leitura desavisada da Bíblia já fez surgirem teorias esquisitas sobre o reinado de Cristo a acontecer por volta do ano 2000, seguido de novo ataque de Satanás e depois o juízo final. A Igreja Católica não aceitou essa interpretação já desde o ano 430 depois de Cristo; leitura que chamamos de milenarismo. E quanto barulho já fizeram depois marcando sucessivas datas que não aconteceram. A história está cheia da revoada dessas idéias e sempre há gente seguindo esses visionários.

A Igreja Católica é extremamente cuidadosa em relação a essas profecias e visões. Ela se manifesta apenas quando algo vai contra as verdades de fé. Fica no entanto a critério de cada um aceitar ou não essas conversas. Mas é necessário ter certos critérios que ajudem a perceber o que aceitar.

Nós poderíamos muito bem ficar com aquilo que Jesus falou ao mencionar a destruição de Jerusalém e descrever o que poderia ser o fim dos tempos, descrição feita em gênero apocalíptico bem ao costume entre os judeus e cuja leitura temos hoje dificuldade de perceber. Ele disse: "Daquele dia e da hora, ninguém sabe, nem os anjos no céu, nem o Filho, somente o Pai" (Mc 13,32).

Essa leitura fundamentalista parece uma brincadeira. Como Deus iria destruir esse mundo que ele fez e o fez bem-feito? Na verdade nós podemos destruir ao pervertermos a ordem estabelecida por Deus no universo. Já navegamos muito nessas teorias, precisamos ter coragem de dizer que esses ensinamentos foram prejudiciais no seio da Igreja e devemo-nos adaptar ao modo misericordioso de Deus agir conosco e no mundo.

Devemo-nos preocupar com as coisas de cada dia e a nada nos leva esse terrorismo religioso que pretende arrancar a conversão pelo medo, pelo terror. Quem ama a Deus não teme, porque já sabe que esses anúncios catastróficos não fazem parte do modo de Deus agir conosco e no mundo. Lembre-se do que diz o Evangelho: "Haverá mais alegria no céu por um pecador que se converte do que por 99 justos que não precisam da penitência" (Lc 15).

Possessão diabólica

1. Possessão diabólica: como se explica?

De tempo em tempo surge na Igreja um alvoroço sobre a presença do demônio e grupos desavisados se autorizam a fazer exorcismos e se munem de poder para dominar o demônio, como se tudo fosse tão simples e tão fácil.

O Código de Direito Canônico (1.172) diz que ninguém tem autorização para fazer exorcismos e quando houver necessidade os bispos decidem e encarregam alguém que o faça em nome da Igreja. A Igreja é muito cuidadosa e precavida com essas histórias de possessão diabólica. E só depois de muita análise ela determina que sejam feitos os exorcismos.

Ninguém nega a possibilidade de possessão, momento em que o demônio se apodera das faculdades mentais da pessoa, independente da vontade da mesma ou de ter ou não ter pecados graves e passa a agir por meio da pessoa. A característica é o ódio a Deus e a blasfêmia.

No tempo de Jesus falava-se em possessão do demônio, mas os estudos mostram que na linguagem comum tudo quanto era mal recebia o nome de possessão diabólica, até os fenômenos epilépticos e paranormais. Não negamos que possam ter ocorrido fatos, mas estamos com os biblistas entendendo que nem tudo foi possessão.

Hoje a parapsicologia, a psicologia, a psiquiatria explicam a produção de fenômenos paranormais, distúrbios de personalidade e da mente, fenômenos produzidos pela mente humana. São tão parecidos com possessões que o povo logo interpreta como se fossem, porque a pessoa se transforma de maneira assustadora.

E parece que o povo gosta desses fenômenos e os procura, principalmente quando acontecem em momentos de oração. Hoje há denominações religiosas que povoam a vida da gente de demônios e suas reuniões estão superlotadas. A procura revela uma tendência doentia e uma cultura bem rudimentar. E como é difícil mostrar que não se trata de possessão. Parece que a possessão e a conseqüente expulsão do demônio confirmam que sua oração tem poder.

A Igreja recomenda cautela e muitos padres fariam muito bem ao povo se, em vez de ficarem exorcizando, orientassem as pessoas, dessem as devidas explicações que as ciências nos dão. Não há tantos demônios com tanto poder. Manter esse esquema é criar uma estrutura de apoio para um esquema moral e religioso muito primitivo. O demônio é inteligente, se ele fizesse tais coisas muita gente estaria se convertendo para Jesus e isso ele não faz.

Enquanto tivermos uma religião do medo, mostramos um estágio ingênuo de nossa fé e uma cultura religiosa primitiva que povoa a vida de fantasmas, demônios e duendes.

Igreja e política

1. Igreja na política — algo está errado?

Um provérbio antigo dizia: "Nem tanto ao mar, nem tanto à terra". A participação da Igreja na política causa espanto e reação em muita gente desavisada. Isso porque não se sabem fazer as devidas distinções ou porque se tem uma idéia bem antiquada sobre Igreja.

Cada pessoa tem o direito de entrar na política, seja ou não padre. Como cidadão ele tem obrigação de participar da vida do povo. Não devia causar estranheza a participação da Igreja.

Enquanto política é "a procura de meios para organização da vida do povo", a Igreja tem todo o direito de participar, de orientar para os princípios que ela tem em mãos. Como expressão de um grande segmento da sociedade, ela também tem direito na vida pública, principalmente porque toda a política diz respeito à pessoa humana, a sua dignidade e a seus direitos. E tem mais direito do que qualquer jornal ou meio de comunicação social, que representam alguns grupos ou ideologias pessoais.

Esse negar a participação da Igreja é ainda um resto da reação contra a Igreja do passado, que às vezes teve nas mãos o poder ou caminhou ao lado do poder. Histórias das quais a Igreja já se penitenciou e da qual já se distanciou encontrando o seu caminho evangélico.

Outra razão é a concepção errada de que a Igreja é para cuidar da alma, por isso deve ficar entre as quatro paredes da sacristia. Como se existisse a alma separada do corpo; a pessoa é um todo que não se divide a não ser na conceituação.

Outra razão ainda são os interesses pessoais ou de grupos, que afastando a Igreja poderão manter a situação e dela tirar seus proveitos. A Igreja é a voz dos fracos, dos pobres, dos oprimidos. Se ela não fala, eles continuarão a ser massacrados pelos interesses dos grandes. A Igreja é uma pedra no sapato dessa gente inescrupulosa, de um governo que não tem vontade política de resolver os problemas de um modo justo. Por isso quanto mais longe estiver a Igreja, melhor para manterem suas posições no social e na política.

Por essa razão a Igreja deve entrar na política, orientando o povo, mostrando os caminhos, as pessoas que podem ajudar e os que atrapalham. O povo precisa ser esclarecido. E devíamo-nos organizar melhor para termos força para pressionar as instâncias e políticos na sua gestão, no sentido de se criar uma sociedade mais justa, mais solidária.

O erro está naquilo que se chama de política, mas não passa de uma politicagem inescrupulosa: essa desavergonhada presença de pessoas ou grupos que estão no poder para defender seus interesses; essa corrupção que já faz escola no país; essa falta de vontade política de enfrentar os problemas. Disso a Igreja não deve participar.

Mas se os católicos se omitem e não se candidatam, não assumem a vida política em sua cidade, damos mais espaços a esses incapazes, que demonstram isso durante várias gestões e continuam sendo eleitos. E cada vez mais temos a sensação de que em cada eleição "mudam-se as moscas, mas a festa continua a mesma".

Recasados

1. Os recasados — o que dizer?

Estamos hoje diante de um fato: há muitas pessoas que deixaram seu casamento e estão recasadas. Que pensar sobre essa situação e sobre esse segundo ou terceiro casamento?

A Igreja sempre ensinou que o casamento é sagrado, é uma graça que chamamos sacramento. Essa graça transforma a vida num gesto de salvação e recria o amor que alimenta e sustenta a fraternidade criada pelo próprio sacramento, repetindo o gesto salvador de Jesus. Por isso insiste que se casem na Igreja e permaneçam fiéis um ao outro, vivendo a santidade do sacramento.

Há situações porém em que não foi possível manter o sacramento, se é que houve. E agora o que fazer?

Primeiro: há na Igreja a possibilidade de se fazer um processo canônico e estudar seu casamento e perceber se foi válido ou não. No caso de não ter acontecido o sacramento, por diversos motivos, a Igreja declara que seu casamento foi nulo, sendo possíveis novas núpcias.

Quando não se conseguir a declaração de nulidade, por tantos motivos, ou mesmo se não foi possível fazer o processo canônico, dizem que a solução é a pessoa se agüentar sozinha. Acontece que a vida coloca as pessoas diante de nova possibilidade de se casar. E de fato acontece de se casarem e de viverem muito melhor que no primeiro casamento. E agora, que dizer?

De fato, há uma recomendação de que se vivesse só, procurando uma vida honesta e correta. E essa recomendação continua. Antigamente os recasados não eram aceitos na comunidade. E nos sermões se falava que estavam em pecado e que deveriam separar-se para enfrentar a vida sozinhos. Muitas vezes esse separar-se deparava com problemas de filho desse novo casamento e outras coisas.

Mas, felizmente, a Igreja hoje nos orienta de um modo novo. Não podemos condenar ninguém. Esse trabalho de julgar pertence a cada um no íntimo de sua consciência. A consciência é um santuário íntimo onde cada um se conhece no confronto com Deus e com o próximo. É determinante para a consciência a convicção íntima diante de Deus: um direito inviolável, pois em sua consciência a pessoa escuta a Deus que fala e lhe responde (*Gaudium et Spes*, 16).

Hoje a Igreja nos orienta a acolher os recasados em nossa comunidade e recomenda que participem naquilo que é possível, para que também eles possam santificar-se. Sabemos que a Igreja continua afirmando a santidade do matrimônio, mas mostra no concreto da acolhida o gesto de Jesus que acolheu a todos os que se abriram para a Boa-Nova.

Assim nem os recasados nem a comunidade vejam como um problema os que vivem tal situação. É certo que temos de aprender essa nova prática sem emitir juízos, como estamos acostumados a fazer. É preciso muito respeito e a percepção de que nem tudo é feito por maldade ou por desrespeito aos ensinamentos da Igreja. Oxalá pudéssemos seguir sempre, sem errarmos, as orientações de Jesus. Continua válido: "atire a primeira pedra, quem não tem pecado".

2. Os recasados vivem em pecado?

Uma boa pergunta num momento em que quase todos nós fomos formados para responder que casar de novo é pecado. Esta foi uma resposta que demos até agora e vamos continuar dizendo, porque falta coragem para falarmos que tudo depende de onde partimos para a formação da consciência. É muito simplismo responder do modo antigo, já caminhamos no estudo da Teologia Moral e hoje há mais lucidez para enfrentar essas questões.

Vamos ter coragem de dizer que os processos canônicos nem sempre são acessíveis ao povo, nem todos têm dinheiro e conseguem fazer o caminho exigido pelos processos canônicos, que em sua maioria são longos e demorados. Vamos dizer que nem todos têm clareza sobre o sacramento que deviam ter realizado em sua vida, o que já é um motivo para dizermos que não aconteceu o sacramento. Vamos também dizer que a maioria dos casamentos feitos não chegam a ser sacramento por defeitos que o Direito Canônico reconhece como defeitos. Vamos dizer também que já era tempo de abrirmos outro caminho; o casamento se firmou como instituição sacramental a partir do século XII.

A fidelidade a Cristo não é um voto ao legalismo, nem tampouco um sentimento de dureza farisaica. O íntimo da consciência só Deus julga.

Dizemos que está em pecado quem toma uma atitude frontalmente contra o ensinamento de Jesus e da Igreja, num desrespeito acintoso, mostrando sua falta de fé e sua descrença no sacramento do matrimônio. Mas não podemos dizer que está em pecado quem luta na sinceridade de seu coração, e que essa nova situação não significa falta de fé e de amor à Igreja.

Ao ler a Bíblia encontramos a passagem: "Deus é amor: aquele que permanece no amor permanece em Deus e Deus permanece nele" (1Jo 4,16). Não estaria aí um primeiro caminho para a formação da consciência?

Se a pessoa fez uma longa caminhada para que acontecesse em sua vida o sacramento do matrimônio, mas não foi possível, e hoje vive uma vida cheia de amor, quem somos nós para dizer que Deus não está com ele? Se lá no fundo de sua consciência a pessoa está tranqüila e procura aprofundar o amor em sua vivência, como vamos falar em pecado?

Reconheço que há muitas consciências malformadas, mas nesses casos se não existir a maldade também não existe o pecado, porque na ignorância não se peca. Falavam tanto do pecado como fruto da plena consciência do mal, pleno conhecimento e plena adesão ao mal, e isso não mudou ainda.

Hoje é preciso ter coragem de dizer a essas pessoas que são sinceras que elas não estão em pecado. A palavra de Jesus precisa libertar essas pessoas desse peso de uma moral do proibido e de tantos pecados criados pela falta de lucidez na fé.

3. Os recasados podem comungar?

O fato de a Igreja pedir que acolhamos os recasados e de não julgar e acusar de pecado a vida dos recasados não significa que devam abertamente participar de tudo o que acontece na comunidade. Com certas normas a Igreja quer salvar seu ensinamento sobre o sacramento do matrimônio.

A preocupação da Igreja é que uma abertura para a freqüência dos sacramentos venha a negar na prática o que ela ensina. Traga para a comunidade uma idéia de que agora tudo é permitido e não é necessário preocupar-se com casamento religioso, veiculando um ensinamento errado que seria um tropeço para o trabalho na comunidade. É o problema do escândalo na comunidade e de atitudes que geram uma desordem.

Não há nisso nenhuma condenação das pessoas, mas é uma atitude correta da Igreja que, como mãe e mestra, deve-nos conduzir pelos caminhos da fé com segurança.

O fato de a Igreja não aceitar os recasados para a comunhão não é uma condenação e não impede que eles assumam seus lugares na comunidade eclesial com seus relativos direitos e deveres. Não se pode reduzir toda a pastoral dos recasados à admissão ou não admissão aos sacramentos, embora muitos recasados tenham uma profunda aspiração a receber a comunhão.

Mesmo admitindo que os sacramentos constituem um meio fundamental para o crescimento e sustento do cristão e para sua inserção no mistério de Cristo, não são, contudo, o único meio e o único caminho de acesso à graça de Deus; nem a confissão é o único caminho para o perdão, nem a comunhão é a única fonte da graça de Cristo.

Por isso os recasados são convidados a participar das missas, da acolhida da Palavra de Deus. Mesmo sem a comunhão, a participação da missa será uma grande ajuda para eles. São, portanto, chamados a participar da comunidade eclesial, de cursos de aprofundamento, de equipes de casais, de encontros de oração, de diversos serviços na comunidade. Tenham certeza de que Deus lhes concederá a graça através de outros meios que não necessariamente a comunhão.

Uma atitude sadia é a aceitação do pedido da Igreja e uma participação alegre, procurando seu crescimento espiritual através da oração e da participação na comunidade.

E quando não houver o perigo do escândalo? Cada um vai agir segundo sua própria consciência e guiado pelo sincero desejo de fidelidade a Deus. Não podemos esquecer que a consciência é a voz de Deus em nós.

Certamente cada um de nós tem o dever de formar sua consciência, mas é verdade que não temos outro meio de julgar nosso agir senão através de nossa própria consciência.

Parece que o importante aqui é ser aberto e saber acolher as orientações da comunidade. E perceber que Deus é quem dá a graça ainda que seja por meios diversos do que temos. Não se sentir excluído, não se isolar e se ausentar da comunidade.

Suicídio

1. Suicídio: pecado ou desequilíbrio?

Esse acontecimento na vida da família traz tantos transtornos e preocupações. Além do trauma, traz também uma pergunta: "Quando alguém se suicida, ele se salva?"

Há dois pontos a se considerar e que são básicos para se responder a essa pergunta. O primeiro nos leva a considerar a vontade salvadora de Deus manifestada em Jesus, que disse: "Eu vim para que todos tenham vida"; "Aqueles que o Pai me deu, eu não perco nenhum". Entramos no mistério da vontade de Deus que quer salvar a todos. Da nossa parte temos de saber que é impossível julgar alguém; isso não nos compete. Ninguém sabe o caminho da misericórdia de Deus.

O segundo ponto nasce da análise da psicologia humana. A vida é o maior dom que recebemos de Deus, falando humanamente. Ninguém conscientemente vai tirar sua própria vida. Se o faz, temos a certeza de que não está mais consciente do que faz, mesmo que deixe uma carta escrita explicando as razões que o levaram a tal ponto. A vida é um dom de um valor tão absoluto que repugna ao próprio ser humano perdê-la. Veja como se luta pela saúde, para se defender e se preservar num acidente. Veja os avanços da medicina para proteger, conservar e alongar a vida.

Experiências mostram que a pessoa que tira sua própria vida não está mais no controle de suas faculdades mentais. Está vivendo um profundo desequilíbrio e não tem mais o poder consciente de decisão. E quando acontece o fato, pode acreditar que já faz meses que ela está fora de si, vivendo outra realidade em seu mundo interior, perturbado e confuso. E quem não pode tomar uma decisão consciente, não pode também ser penalizado pelo que fez.

Na prática antiga da Igreja, como não se tinha a ajuda da psicologia para a compreensão dessa atitude, havia uma série de sanções para o suicida, como a negação da sepultura eclesiástica, as aplicações de missa pela sua alma. Enfim, pesava sobre a pessoa uma condenação. Hoje, ajudada pela psicologia e pela psiquiatria, a Igreja já vê sob nova forma e tem uma atitude de compreensão e de misericórdia para com aqueles que chegam a tal ponto.

Essa é a palavra boa que podemos dizer aos familiares que vivem um drama pela perda de um dos seus nessa forma trágica e traumatizante. Nesse momento temos de firmar nossa fé na bondade, na misericórdia de Deus, que é mais Mãe do que Pai.

Aborto

1. Aborto: uma dor que não acaba?

Alguns episódios nos marcam de tal forma, passando a nos acompanhar dia a dia, trazendo muitas sombras em nossa vida. Eles devem ser trabalhados. Se a pessoa quiser libertar-se deles, tem de fazer uma longa caminhada e ir aos poucos colocando tudo em seu lugar, clareando bem as dimensões do fato. Uma verdadeira terapia, precedida de um trabalho junto à própria consciência.

Para uma pergunta formal, a resposta também é formal e exata. Assim acontece quando nos perguntam: Aborto é pecado? A resposta é um sim, que às vezes desequilibra a pessoa.

Isso acontece porque as pessoas não conseguem analisar-se e analisar o fato, e quando procuram o padre estão confusas e desesperadas. O momento fica dependendo da sabedoria do confessor que deve analisar situação por situação antes de dar seu parecer. A partir de uma análise, o ocorrido pode adquirir nova moralidade.

O aborto sempre será um erro grave, que traz conseqüências bem pesadas, pois é uma violência à natureza e à vida. Há contudo determinadas circunstâncias que mudam a espécie de pecado, assim aprendemos nos antigos manuais de teologia no tratado da formação da consciência. Então pode acontecer que um aborto, apesar de ser um erro grave, não seja um pecado no sentido em que nos habituamos a usar esse termo.

Falando bem claro: Quando um aborto acontece sem que a pessoa tenha procurado ou feito algo para provocá-lo, esse aborto nunca foi e nem será pecado. A natureza não tinha condição de levar em frente a gravidez, por isso aconteceu o inesperado. Ninguém precisa carregar peso na consciência nesse caso.

Quando a pessoa provocou o aborto ou praticou-o, ela seria responsável. Mas geralmente há circunstâncias que cercam a gravidez tornando difícil a clareza de uma resposta. Temos de analisar caso por caso. Às vezes se está diante de um fato que não permite ver outra saída: pressão dos familiares, exclusão, pressão social, falta de direção e escolha de caminhos. Situações que impedem um discernimento consciente, uma tranqüilidade para decidir e assumir a criança. Sob essas pressões, a pessoa acaba fazendo um erro que deixa marcas sem contudo ter cometido um pecado, pela falta de poder de decidir, pela falta de liberdade de opção.

Em todo o caso, é bom colocar tudo nas mãos de Deus, abrindo-se a um confessor que a possa ajudar. Tenha contudo certeza de que Deus julga de modo diferente do nosso. Deus sempre perdoa o arrependido e, uma vez perdoado, o pecado já não existe, embora a marca persista.

Quanto à marca, cada vez que se lembrar, pense que isso é passado e já está nas mãos de Deus, que já a perdoou e vai acolhê-la na sua bondade como o Pai querido. Não podemos ficar remoendo a vida toda ou remexendo no passado; nem podemos julgar nosso passado com a consciência que temos hoje... Podemos sim analisar para compreender, para poder ajudar outras pessoas que passarem por esse desacerto, ou antes que passem.

Deus e a maldade

1. Existe tanto mal no mundo e Deus não faz nada?

As notícias do mal no mundo — mortes, violência — chegam sempre mais depressa e com mais freqüência até nós, a ponto de nos deixar acostumados com certa dose diária do malfeito. Podemos chamar isso de "cultura de morte".

Enquanto para alguns isso não passa de um noticiário diário, para outros é causa de crise que põe em jogo os valores fundamentais da vida. Daí surgem perguntas: "Por que Deus permite isso?", "Que sentido tem viver?"

Se olharmos para Deus como alguém que tem de resolver todos os problemas e interferir em tudo, nós admitimos que somos apenas uns bonecos nas mãos de Deus prontos para sermos manejados. Negamos a nós mesmos o grande dom da liberdade, da responsabilidade e negamos a nós o direito de organizarmos nossa vida. E o que é pior: mostramos que desconhecemos totalmente o modo de Deus agir e o respeito que ele tem para com a pessoa criada à sua imagem e semelhança.

Deus não criou o sofrimento nem a morte. Ele é o Deus dos vivos. No momento em que tivemos em mãos o poder de decidir sobre nós e sobre o mundo, nessa hora começaram os problemas e as dificuldades, porque passamos a decidir tudo segundo nossos critérios individuais e egoístas. Assim fomos distanciando-nos do projeto inicial feito por

Deus e fomos criando esse mundo e todas as espécies de maldades.

Quem pode dizer que Deus criou a fome, o desemprego, a desigualdade e a exclusão social! Deus caminha em nossa história e respeita nossos passos, mas também não é obrigado a mudar as conseqüências daquilo que fazemos. Tudo na vida é muito semelhante a uma semente que, plantada, pode produzir muitos frutos segundo sua espécie. O que fazemos é idêntico à semente: produzir muitos resultados nem sempre agradáveis e nem sempre felizes.

Nós criamos o mal, as diferenças e as desigualdades. Hoje o homem conseguiu decifrar o código genético penetrando no mais profundo do ser humano. O que ele poderá fazer daqui para frente? Mas tenha certeza que todo o desrespeito à natureza tem seu preço e às vezes um alto preço. A ganância pelo poder, pela riqueza, pelo prazer leva a própria pessoa a se destruir e a destruir os outros. Por isso, apesar de rezarmos e de pedirmos a Deus, vamos continuar tendo acidentes de carro com muitas mortes, acidentes nucleares com muito perigo de destruição da humanidade, transformando esse mundo em verdadeiro inferno só porque nós decidimos assim.

A grande intervenção pacífica de Deus na história foi a Encarnação de Jesus, suficiente para acordar a humanidade e provocar uma reviravolta na história. Os homens não querem Jesus. Mas diz João: "a todos os que o receberam, Deus deu o poder de se tornarem filhos de Deus". Esse é o caminho da não-violência, da cooperação com Deus, do homem inteligente e responsável. Ou mudamos ou morremos todos sob a violência que nós mesmos criamos.

Doenças

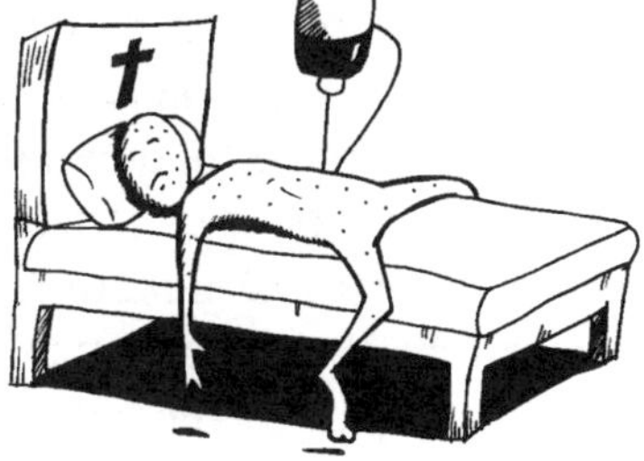

1. De onde vêm nossas doenças?

A dor é uma surpresa sempre. Por mais que se ensine que a dor é inerente à natureza, quando acontece em nós fazemos um alarde: por que aconteceu isso logo comigo? Esse "logo comigo" é a expressão do nosso egoísmo, pois se fosse com os outros a dor não nos incomodaria.

A doença revela a fragilidade da natureza humana, mostra sua capacidade e seus limites. A grande luta da ciência está no prolongar a vida, no acabar com a dor, no extirpar as doenças.

De quem herdamos nossa natureza humana? Evidentemente herdamos de nossos pais tudo o que havia de bom e o que havia de ruim, de fraco. Essa é uma das fontes da doença: uma natureza enfraquecida só pode transmitir fraqueza, a propensão para certas doenças, os desvios da hereditariedade.

Hoje vemos como o homem manipula a natureza atrás do lucro. Há ganhos e perdas irremediáveis: contaminação da atmosfera, destruição da camada de ozônio, contaminação dos rios, dos alimentos, poluição ambiental, desequilíbrio do ecossistema... E o nosso corpo é a vítima que não tem como resistir a tantas agressões. Aparecem as doenças. E doenças cada vez mais enigmáticas e que não conseguimos combater.

Podemos falar de força de destruição que essas manipulações criam. Deus não tem nada a ver com isso. Ele nos dá a vida, a capacidade de gerenciá-la. O que resolvemos fazer é um problema que nos toca.

Muitas doenças são criadas pela mente humana em desequilíbrio. O descontrole faz com que as pessoas somatizem seus problemas, suas insatisfações. A falta de motivação para viver leva as pessoas a enfrentarem situações dolorosíssimas. A força da mente descontrolada projeta sobre o organismo a doença, que vem como uma fuga, uma chamada de atenção sobre si, uma desculpa para viver ou uma desistência de viver. É a incapacidade de enfrentar os problemas e as situações imprevistas ou desagradáveis. Uma boa cabeça, um modo mais positivo de encarar a vida e os problemas evitaria esses transtornos.

A doença pode levar-nos a reflexões valiosas e ricas e pode conduzir-nos a um amadurecimento pessoal. Nas doenças o desespero não ajuda. O que pode ajudar é a solidariedade, a presença fraterna de pessoas abnegadas que se dedicam caridosamente aos enfermos.

Temos todo o direito de procurar a cura. Mas, quando devemos enfrentar a doença, vamos associar-nos aos sofrimentos de Jesus na certeza de que ele continua em nós sua história de paixão e de morte como caminho de ressurreição. São Paulo diz: “Eu completo em meu corpo o que falta à Paixão de Cristo”.

Doação de órgãos

1. Doação de órgãos: um desrespeito ou uma caridade?

Por "doação de órgãos" compreendemos também o direito de a pessoa doar seu corpo para estudos, embora sejam coisas distintas. Pio XII chamava à atenção dizendo que os outros não podiam dispor arbitrariamente de nosso cadáver, embora se pudesse levar em conta a vontade e os sentimentos dos familiares quando esses fossem razoáveis.

Hoje já caminhamos mais e parece muito mais transparente o benefício da doação de órgãos, embora já apareça também o problema da comercialização de algo tão sagrado.

Como é permitido sacrificar a vida e a saúde pelo bem do próximo, assim também há uma razão muito maior para destinar o corpo ou parte dele para dar a vida a outro ser humano ou para estudos.

Cristo disse: "Quem doa a via, a reencontrará". Doar parte de si é o gesto que mais aproxima a pessoa do humano Jesus que veio dar sua vida para que todos tivessem a vida. Que maravilha alguém receber esse presente e passar então a ver, a respirar, a poder dispensar a incômoda hemodiálise.

Embora o assunto traga preocupações e repugnância para alguns, ao ver as enormes filas na espera de doadores, nós dizemos que é abençoado quem se entrega nessa doação generosa. Se eu não tenho mais chance de viver, que outros possam aproveitar e viver com minha ajuda de uma maneira digna.

Continuam em pé todas as decorrências do "não matar". Não temos o direito de tirar a vida de ninguém, por isso há critérios seguros que devem ser observados pelos médicos e familiares ao permitirem a doação de órgãos de um dos seus.

Para a doação de órgãos vitais, hoje se coloca como critério a morte cerebral: "um indivíduo no qual se produz a cessação irreversível de todas as funções do encéfalo, incluindo o tronco cerebral, está morto". As funções cerebrais e as funções do tronco cerebral estão ausentes, a exclusão da possibilidade de recuperação das funções encefálicas, o reconhecimento da irreversibilidade são indicativos da morte cerebral. Isso averiguado com toda a cautela e segurança e diante do veredicto final, vai ser muito significativo o gesto de passar a vida para o outro entregando parte do seu corpo. É um ato extremo da caridade que enobrece e dignifica a pessoa humana.

Seria muito digna a posição dos familiares em situações idênticas, que permitissem o transplante de órgãos vitais e outros órgãos a quem precisasse, verificando todos os critérios e condições que defendem o direito à vida.

Ninguém tem maior amor do que aquele que dá a vida pelo irmão.

Não-violência

1. A não-violência: um conselho ou uma necessidade?

Hoje, como sempre, o homem busca o poder e mesmo qualquer revolução tem como objetivo atingir o poder e dominar os outros, quer como indivíduos, quer como grupos. Assim aparece a violência como via para atingir os objetivos.

Ao formular a não-violência podemo-nos enganar em sua formulação negativa. É melhor entendê-la como a força que recolhe, assume e convoca a força do amor corajoso, que de tudo serve para vencer o mal. Ela se opõe às tentações e tentativas da violência para obter o poder, sucessos e triunfos.

A não-violência nasce da fé e se projeta na sociedade como uma via de solução para uma sociedade violenta e desequilibrada. O último ato de violência na humanidade devia ser a cruz no alto do Calvário. Mas continuamos sem aceitar a mensagem dessa cruz que se radicaliza na solidariedade; enquanto vivermos uma desigualdade tão grande pagaremos um preço muito alto do qual a violência é a expressão mais forte. Será no ódio, na injustiça que a força da não-violência se revelará como solução, pois só "o amor tudo suporta, tudo crê, tudo espera", nos diz Paulo.

A doutrina da não-violência faz parte do Sermão da Montanha (Mt 5,38-48): "Ouvistes o que foi dito: Olho por olho, dente por dente. Eu porém vos digo..." Para quem quer ser discípulo de Jesus o amor aos inimigos e a não-violência não são apenas um conselho, mas condição de seguimento e direção de vida. Em vez de ficarmos discutindo diversas soluções para os problemas da violência, porque não mostramos a força da não-violência despertando a todos para sua prática como forma de superação de todas essas situações críticas?

Devemo-nos prevenir contra o espírito da violência; é preferível sofrer que vencer pelo ódio. Temos também de examinar bem os limites do uso da força para nos defender da injustiça. Há pessoas que já conseguiram pela não-violência muito mais do que por outros métodos. O que falta para um mundo violento é uma legião de pessoas que sejam apóstolos da não-violência.

É preciso desarmar o mundo, as pessoas. É preciso iniciar dentro de si mesmo um esforço para não deixar a violência se aninhar no coração. Estamos, dia a dia, assimilando a violência através dos noticiários, das novelas, dos filmes, que são verdadeiras escolas do crime. Assusta-nos perceber esse gosto doentio por noticiários que só falam de desgraças e destruição. Já sabemos que a violência gera violência, a Bíblia no início mostra a escalada da violência iniciada pelo homem que resolve gerenciar sua vida. É preciso acreditar na força do amor. É na solidariedade que vamos perceber o milagre da não-violência. Tenha uma fé alegre, agradecida e não-violenta.

Solidariedade

1. Solidariedade: uma amizade ou um caminho?

Às vezes a mudança de palavra acaba despertando uma nova realidade. Usamos tanto a palavra fraternidade que acabou não nos impressionando mais. Com a chegada do termo solidariedade, conseguimos reavivar o sentido de fraternidade e projetar algo novo percebendo que o gesto é muito maior do que o doce amor fraterno.

Solidariedade é a verdadeira compaixão, aquilo que Jesus sentiu quando disse: "Tenho compaixão do povo que anda como rebanho sem pastor". É disposição de partilha; é necessidade de partilha e de comunhão de bens e de vida.

Jesus deixou o novo mandamento, a trilha segura para organização da nova comunidade: "Amai-vos uns aos outros". Já passamos dois séculos e a humanidade não quer esse caminho. Coloca em nossa frente caminhos alternativos e cada vez mais a sociedade se afunda no egoísmo, na luta pelo poder, pelo ter, pelo prazer, manipulando a pessoa humana e escravizando-a sob as mais diversas formas.

Continuamos a pensar que os problemas se resolvem por meio de leis, decretos e projetos. Mas vemos a onda crescente da desigualdade, da fome, da violência assolando multidões de irmãos. Não reconhecemos o outro como semelhança nossa, pessoas com direitos fundamentais, como escola, comida, moradia, trabalho, salário, saúde etc.

Diante dessa avalanche há quem diga: "Não adianta fazer, porque o pouco que eu fizer não resolve nada". Aí está o problema, nós queremos colher o resultado; não queremos trabalhar as pessoas para que se conscientizem e comecem a viver o novo programa que Jesus deixou: a solidariedade.

Se repartirmos o pouco que temos cada dia, vamos ensinando os outros que eles também devem repartir. Adquirindo a consciência de que só seremos felizes quando os outros também o forem. Por isso precisamos entrar nessa luta, é o primeiro passo a ser dado. É preciso acreditar na solução dos problemas através da não-violência. É preciso criar consciência que o mundo não pode reger-se pelo lucro e que se deve dar uma destinação social aos bens. Não é nosso porque nós produzimos, mas é fruto da terra para ser distribuído.

Uma nova percepção de que a concentração dos bens nas mãos de alguns cria a exclusão social, cria a violência nos obrigando a repartir o que devíamos repartir voluntariamente. Nessa linha falaram os profetas do Antigo Testamento: "O sangue dos pobres branda aos céus e Javé não vai se esquecer disso". Ninguém tem mais direito à vida do que o outro, nem podemos justificar as riquezas e desmandos através de nosso trabalho, porque há tantos que trabalham a vida inteira e não conseguem o necessário para viver com dignidade.

A solidariedade é o único caminho da não-violência, da partilha, da vida em comunhão: "Tive fome e me deste de comer".

Índice